dtv

Der Buddhismus lehrt, daß der Geist die Ursache aller Furcht, Unzufriedenheit, Wut und Traurigkeit ist. Erst wenn wir unseren Geist verstehen, können wir ihn zähmen und erkennen, daß Glück, Weisheit, Mitleid und Klarheit uns innewohnende Qualitäten sind. Der erfahrene Meditationsmeister Rob Nairn erläutert die Prinzipien des Buddhismus prägnant und humorvoll. Detailliert beschreibt er die Techniken der Meditation und zeigt, welche positiven Wirkungen sie haben kann. Dabei weist er auf Schwierigkeiten hin, auf die Menschen aus dem westlichen Kulturkreis häufig stoßen, und beantwortet Fragen, die Übende immer wieder stellen. Anhand zahlreicher Übungen lernen wir zu erkennen, auf welche Weise wir selbst unseren Geist vernebeln, und erfahren gleichzeitig, wie wir uns von diesen Mustern lösen und uns innerlich befreien können.

Rob Nairn, geboren 1937 in Simbabwe, gründete in den achtziger Jahren ein Meditationszentrum in Nieu Bethesda. Heute unterrichtet er Buddhismus und Meditation in Afrika, den USA und Großbritannien.

dtv

Rob Nairn

Auf den Spuren des erleuchteten Drachen

Buddhistische Meditation

Rob Nairn

Auf den Spuren des erleuchteten Drachen

Buddhistische Meditation

Aus dem Englischen von
Elisabeth Liebl

Deutscher Taschenbuch Verlag

Von Rob Nairn
ist im Deutschen Taschenbuch Verlag erschienen:
Mit dem Drachen fliegen (dtv 36070)

Deutsche Erstausgabe
August 2000
Deutscher Taschenbuch Verlag GmbH & Co. KG,
München
www.dtv.de

Titel der südafrikanischen Originalausgabe:
Diamond Mind. Psychology of Meditation
Kairon Press, Kalk Bay 1998
deutschsprachige Ausgabe:

Umschlagkonzept: Balk & Brumshagen
Satz: Hartmut Czauderna, Gräfelfing
Gesetzt aus der 10/13˙ Bembo
auf Apple Macintosh, Quark XPress
Druck und Bindung: C. H. Beck'sche Buchdruckerei,
Nördlingen
Gedruckt auf säurefreiem, chlorfrei gebleichtem Papier
Printed in Germany · ISBN 3-423-36201-4

Dieses Buch ist in Demut gewidmet:
Urgyen Drodul Trinley Dorje,
dem 17. Karmapa

BEHANDLUNGS TERMINPLAN

Vitapilio®
Der Gesundheit neue Flügel.

für Frau/Herr

Mo	Di	Mi	Do	Fr	Sa	So	am:	2104	um:	1845	Uhr
Mo	Di	Mi	Do	Fr	Sa	So	am:		um:		Uhr
Mo	Di	Mi	Do	Fr	Sa	So	am:		um:		Uhr
Mo	Di	Mi	Do	Fr	Sa	So	am:		um:		Uhr
Mo	Di	Mi	Do	Fr	Sa	So	am:		um:		Uhr
Mo	Di	Mi	Do	Fr	Sa	So	am:		um:		Uhr
Mo	Di	Mi	Do	Fr	Sa	So	am:		um:		Uhr
Mo	Di	Mi	Do	Fr	Sa	So	am:		um:		Uhr
Mo	Di	Mi	Do	Fr	Sa	So	am:		um:		Uhr
Mo	Di	Mi	Do	Fr	Sa	So	am:		um:		Uhr

Sie können einen Termin nicht wahrnehmen? Bitte informieren Sie uns rechtzeitig, mindestens 8 Stunden vorher. Bei nicht abgesagten Terminen werden 50 % des Behandlungswertes privat in Rechnung gestellt.

Inhalt

Bildnachweis:

Die Fotos stammen von: Peter Hinreiner (S. 22, 66, 106, 134, 160); The Image Bank: J. Boisberran (S. 18, 44, 88, 154, 166), Guan da Shi, Peacework Production, Harald Sund

Über den Autor

Rob Nairn ist in Simbabwe geboren und aufgewachsen. Er studierte Jura, Psychologie und Kriminologie und interessierte sich schon während des Studiums für Religion und Meditation. 1964 begann er seine Meditationsausbildung in Indien. Später trug der Dalai Lama ihm auf, nach Afrika zurückzukehren und zu lehren. In den folgenden Jahren verwandte er all seine freie Zeit auf Klausuren unter der Leitung von tibetischen Lamas und anderen Meditationsmeistern. Dazu zählen z.B. Thrangu Rinpoche, Akong Rinpoche, Dhiravamsa und Joseph Goldstein.

1980 wies der 16. Gyalwa Karmapa, das Oberhaupt der Kagyu-Linie des tibetischen Buddhismus, Rob an, Einsichtsmeditation zu unterrichten. Daraufhin legte er seine Professur am Lehrstuhl für Kriminologie an der Universität von Cape Town nieder und gründete in Nieu Bethesda im Norden Karoos (Südafrika) ein Meditationszentrum.

1989 begann Rob eine traditionelle vierjährige Klausur unter der Leitung tibetisch-buddhistischer Lamas in Samye Ling in Schottland. Von der Welt vollkommen isoliert, studierte und praktizierte er überlieferte Meditationsmethoden, die bereits vielen tantrischen Meistern zur Erleuchtung verhalfen. 1993 schickte Dr. Akong Rinpoche, der Samye Ling damals als Abt vorstand, Rob als Leiter sämtlicher Kagyu-Zentren wieder nach Südafrika.

Rob Nairn hielt in London, Edinburgh, Dublin, Oklahoma und an verschiedenen südafrikanischen Universitäten Vorlesungen über buddhistische Themen. Da er sich eingehend mit westlicher Psychologie, vor allem der Schule C. G. Jungs, beschäftigt hat, ist er in der Lage, östliche Weisheit in westlicher Terminologie verständlich zu machen, was ihn als Lehrer besonders beliebt macht.

Robs erstes Buch, das auf deutsch unter dem Titel *Mit dem Drachen fliegen – Ruhe und Klarheit durch Buddhismus und Meditation* erschienen ist, wurde in mehrere Sprachen übersetzt (Afrikaans, Portugiesisch, Tschechisch und Xhosa) und erfuhr in Deutschland innerhalb kürzester Zeit eine zweite Auflage. Karel Schoemans Übersetzung in das Afrikaans leistete für die buddhistische Terminologie in dieser Sprache Außerordentliches.

*Der Vajra (das Diamantzepter) steht symbolisch
für den erleuchteten Geist, der wie ein Diamant ist:
unzerstörbar und unbesiegbar, offen und furchtlos.
Vajrayana bedeutet: der Diamantweg.*

Venerable Lama Yeshe Losal
Vorsitzender von Rokpa Trust
Abt und Retreatmeister
des Klosters
Samyé Ling in Schottland

Kagyu Samyé Ling
Tibetisch-buddhistisches Zentrum

Geleit von Venerable Lama Yeshe Losal

Ich freue mich sehr, daß Rob Nairn *Diamond Mind* geschrieben hat und auf diese Weise dazu beiträgt, die wertvollen Meditationsmethoden der Kagyu-Linie im tibetischen Buddhismus für westliche Schüler verständlicher zu machen. Da ich Rob während eines vierjährigen Retreats als Retreatmeister betreut habe, habe ich volles Vertrauen in seine Fähigkeit, die Erfahrungen, die er mit diesen Methoden gemacht hat, in kluge, geschickte und klare Worte zu fassen.

Ich bete darum, daß dieses Buch helfen möge, die Schleier der Unwissenheit, welche die Ursache allen Leidens sind, aufzulösen.

Möge es für alle Wesen nützlich sein.

Venerable Lama Yeshe Losal
Abt und Retreatmeister von Samyé Ling

Vorwort

Dieses Buch geht auf einen Meditationskurs zurück, den ich im Sommer 1997 in Samye Dzong in Johannesburg, Südafrika, gehalten habe und der später von Brad Hammond in Buchform gefaßt wurde. Mein erstes Buch *Mit dem Drachen fliegen* war als allgemeine Einführung in den Buddhismus konzipiert. Das vorliegende Buch hingegen bietet einen weit persönlicheren Zugang.

Und warum dieses Buch? Nun, weil das Prinzip der Meditation zwar einfach ist, die Praxis aber weitaus schwieriger. Lama Yeshe, mein Lehrer, meinte einmal, daß Meditation die schwierigste Sache der Welt sei. Wäre sie einfach, würde sie viel häufiger praktiziert und es gäbe weit mehr erleuchtete Menschen. Als ich Lama Yeshe den Umschlagentwurf mit dem Titel *Diamond Mind* zeigte, lachte er nur. »Ein Geist wie Diamant«, sagte er, »ist wirklich eine harte Nuß. Schwer zu knacken!« Nun, ich hatte bei »Diamant« zwar an etwas ganz anderes gedacht, aber natürlich lag auch darin eine tiefe Wahrheit.

Das Schwierige an der Praxis der Meditation liegt in der Tatsache, daß wir alle, die wir die eine oder andere Form praktizieren, unsere ungelösten seelischen Probleme in die Meditation hineintragen und sie auf diese Weise mit unserer Befindlichkeit vermischen. Sämtliche Ziele, Hoffnungen, Sehnsüchte, Erwartungen und Vorstellungen, die wir hinsichtlich unseres Lebens hegen, knüpfen sofort an die unbewußten Inhalte an, die während der Meditation aufsteigen können, und stören so unsere Praxis.

Aber auch die Unterdrückung dieser Reaktionen kann unsere Meditation behindern. Einige Menschen besitzen die Fähigkeit, ihre Gedanken und Gefühle mit Hilfe von Achtsamkeitsübungen nahezu perfekt zu kontrollieren, d. h. sie zu unterdrücken. Dieser Vorgang führt zwar ebenfalls zu einer gewissen geistigen Ruhe, sie dauert aber nur an, solange wir meditieren. Danach löst sie sich wieder auf, weil es sich ja nicht um wirkliche Geistesruhe handelte, die zu einer Vertiefung der inneren Einsicht führt.

Diese und andere Beeinträchtigungen der Meditation sind sehr subtil und schwierig zu erfassen, weil die entsprechenden geistigen Regungen meist unbewußt ablaufen. Als mir diese Tatsache klar wurde, fing ich an, die von mir geleiteten Retreats interaktiver zu gestalten: Ich führte Gruppensitzungen ein, in denen die Meditierenden behutsam geleitet über ihre Erfahrungen sprechen konnten. Die Ergebnisse finde ich sehr ermutigend, da die Meditierenden auf diesem Wege ihre noch unklaren Wahrnehmungen in der Erfahrung anderer wiedererkennen können.

Dieses Vorgehen fördert die Entwicklung von alles durchdringender Einsicht und unterstützt den Meditierenden dort, wo er selbst nicht weiterkommt und sich in immer denselben Zyklen von Unklarheit und Verwirrung verfängt, die er ohne die Hilfe der anderen nicht erkennen würde.

Das Material, das dabei ans Licht kommt, versuche ich sodann zu ordnen und zu organisieren, da es meiner Ansicht nach höchst wertvoll ist. Dies ist der erste Versuch, es der Öffentlichkeit zu präsentieren. Ich tue dies in der Hoffnung, daß es Ihnen hilft, den Pfad zur Erleuchtung mit größerer Leichtigkeit zu beschreiten.

Lieber Leser – mögen Sie glücklich sein. Mögen Sie wahres Glück und wahre Befreiung für sich und alle Wesen erlangen.

Rob Nairn

Tulsa, Oklahoma
15. September 1998

Einführung

Glück, Mitgefühl, Weisheit und Klarheit sind allen menschlichen Wesen eigen. Die wahre Natur des Geistes ist liebevoll, friedvoll und klar. Es fällt uns schwer, das zu glauben, da unser Geist meist angespannt, ängstlich, wütend, traurig oder auf der Suche nach Leidenschaft und Befriedigung ist. All dies verdunkelt die strahlend reine Qualität dessen, was wir wirklich sind. Und doch sind wir selbst es, die diese dunklen Schleier produzieren und so dafür sorgen, daß die angeborenen positiven Qualitäten in unserem Geist uns nicht mehr zugänglich sind.

Wenn wir die Psychologie der Meditation begreifen, ändert sich unsere Perspektive und wir können diese verdunkelnden Schleier erkennen. Wir sehen, wie sie entstanden sind und wie wir sie wieder auflösen können. Dann kommt die strahlende Klarheit unseres Geistes von selbst zum Vorschein.

Meditation ist vom Wesen her etwas sehr Einfaches. Wir müssen nichts in unseren Geist hineintragen. Es gibt keine komplizierten, intellektuellen Mechanismen. Wir müssen uns keine schwierigen philosophischen Systeme aneignen. Es geht einzig darum, die grundlegende Einfachheit des Seins zu begreifen – und so die diamantgleiche Natur des Geistes zu entdecken.

»Was hier dargelegt ist, gleicht einer Landkarte; es ist eine völlig andere Erfahrung, die Reise tatsächlich zu machen. Diese Reise zu ma-

chen erfordert einen Führer, und außerdem müssen wir richtige Vorbereitungen treffen: Unser Geist muß durch die Meditationspraxis gezähmt und geschult werden. Nur dann können wir die Vajrawelt (die Welt des diamantgleichen Geistes, A. d. Ü.) sehen.«

Chögyam Trungpa: Feuer trinken, Erde atmen – Die Magie des Tantra, Hamburg 1989.

I. Was ist Meditation?

Weniges ist uns fremder
als unser eigenes Herz.

Die Reise nach innen

Was ist eigentlich Meditation? Wir selbst sind Meditation, Sie und ich. Sie ist unsere innere Reise, unsere ureigenste Sache, eine persönliche Anstrengung, die uns niemand abnehmen kann. Meditation ist eine Methode, Zugang zu unserer inneren Weisheit und unserem Mitgefühl zu erlangen – und dabei unsere persönlichen Probleme zu lösen.

Gleich zu Anfang ist es wichtig, sich von der Vorstellung einer »Technik« zu trennen. Sobald wir uns nämlich Meditation als Technik vorstellen, denken wir, daß wir mit Hilfe irgendeiner Zauberformel von hier nach dort gelangen. Unsere alltägliche Denkweise läßt uns fragen: »Mit welcher Technik schaffe ich das?« Oder: »Welche Technik kann so etwas bewirken?« Wenn wir solche Begriffe benutzen, schicken wir unseren Geist in die falsche Richtung: Wir denken, daß Meditation etwas mit Erfolg oder Mißerfolg zu tun hat.

Sobald wir in diesen Kategorien denken, kommen wir in Schwierigkeiten, denn bei der Meditation gibt es so etwas wie Erfolg nicht. Wenn jemand Sie beispielsweise fragte, ob Sie als

menschliches Wesen erfolgreich seien, dann würden Sie diese Frage vermutlich als ziemlich seltsam empfinden. Ich bin ein menschliches Wesen. Ich bin vielleicht erfolgreich in meinem Beruf oder auf anderen Gebieten, aber ich habe mich noch nie gefragt, ob ich als menschliches Wesen erfolgreich bin. Ich lebe einfach. Ich wache am Morgen auf, öffne meine Augen und bin am Leben. Ich war nicht erfolgreich im Augenaufschlagen. Ich habe sie einfach geöffnet, und das war alles. Genauso wenig bin ich erfolgreich eingeschlafen, sondern einfach eingeschlafen. Wir sind eben menschliche Wesen, und als solche leben wir. Das hat nichts mit Erfolg oder Mißerfolg zu tun.

Auf dem Gebiet der Meditation arbeiten wir ebenfalls nicht mit diesem Begriffspaar. Wir üben einfach nur, im Augenblick präsent zu sein und zu erkennen, was ist. Die meisten Menschen entdecken dabei bestürzt, daß sie sich selbst nicht kennen. Tatsächlich ist kaum etwas uns fremder als unser eigenes Herz. Wir wissen nicht viel von uns selbst.

Wenn wir also anfangen, uns selbst zu betrachten, stellen wir fest, daß es da Dinge gibt, die wir gar nicht wissen, gar nicht fühlen wollen. Insofern führt Meditation uns in eine paradoxe Situation. Wir ziehen mit einem Fremden an unserer Seite durch unser Leben, der auf einer bestimmten Ebene mit uns Verbindung aufzunehmen versucht, doch von dem, was er uns zu sagen hat, wollen wir nur einen sehr begrenzten Teil wissen. Wir möchten über uns selbst nur nette Dinge hören: daß wir glücklich sind, gut aussehen und Freude an bestimmten Dingen haben. Wenn wir hingegen Angst, Ärger, Schuldgefühle, Depressionen, Eifersucht oder andere unliebsame Empfindungen verspüren (die wir meist als unangenehmes Gefühl in der Magengrube erleben, das wir nach Möglichkeit gleich wieder dorthin zurückschicken, wo es hergekommen ist), dann wollen wir lieber nichts davon wissen.

Wenn wir beginnen, uns in der Meditation selbst zu begegnen, entdecken wir häufig Überraschendes. Meist fehlen uns die Worte, um zu beschreiben, was wir entdeckt haben. Es hat also durchaus Sinn, sich den nötigen Wortschatz der Psychologie anzueignen. Natürlich passen auch diese Begriffe nicht immer hundertprozentig, aber zumindest kommen sie dem Erlebten einigermaßen nahe. Wir können diese Ausdrucksmittel, welche die westliche Kultur entwickelt hat, einsetzen, um uns selbst besser zu verstehen.

Eine Art Beschreibung

Wollte man Meditation kurz beschreiben (ohne damit eine Begriffsdefinition geben zu wollen), könnte man sie als Schulung in Achtsamkeit bezeichnen. Es geht dabei darum, im Augenblick präsent zu sein. Aus dieser Haltung heraus entwickelt sich eine tiefe geistige Ruhe. Man steht seinem eigenen Geist gegenüber und lernt ihn wirklich gründlich kennen. Mit wachsendem Verständnis für unser Selbst durchschauen wir auch mehr und mehr die Illusionen, die wir rund um unsere Persönlichkeit und das Leben an sich aufgebaut haben. Aus diesem Grund wird buddhistische Meditation häufig und etwas ungenau als »Einsichtsmeditation« bezeichnet. Dieser Begriff bezieht sich auf das Endergebnis dieser Schulung in Achtsamkeit.

Achtsamkeit ist die Wurzel von Geistesruhe und grundlegender Einsicht. Wenn Ruhe und Einsicht im Geist fest verankert sind, erleben wir die Befreiung von Leiden und das gleichzeitige Aufkeimen von Mitgefühl und Weisheit. Doch streben wir dieses Resultat keineswegs bewußt an. Wir lassen alle Vorstellungen von einem Ziel los und konzentrieren uns auf die Meditation selbst. Lenken wir unsere Konzentration nämlich auf ein Ziel, so verhindern wir damit, daß der meditative Zustand sich einstellt.

Eine Haltung des Sich-Annehmens

Meditation bedeutet also, gegenwärtig zu sein in dem, was ist. Wir entdecken, was ist, und müssen lernen, mit unseren unbekannten und ungeliebten Anteilen zu arbeiten. Auch für diese Arbeit an uns selbst brauchen wir keine Techniken. Es ist dies vielmehr eine Frage der eigenen Einstellung. Es gibt mittlerweile eine Unmenge von TV-Serien, deren »Helden« sich durch eine negative Einstellung sich selbst und ihrer Umwelt gegenüber auszeichnen. Jeder von uns hat Persönlichkeitsanteile, auf die er nicht gerade stolz ist. Diese Soap-Charaktere kommen deshalb so gut an, weil sie stellvertretend unsere eigenen negativen Charakterelemente ausagieren.

Bei der Meditation bedeutet »negative Einstellung« vor allem, daß wir uns selbst nicht akzeptieren können. Das hängt mit der ununterbrochenen Überwachung zusammen, der der Geist sich selbst unterwirft. Dieser Vorgang läßt sich vergleichen mit der routinemäßigen Kontrolle, der wir unsere äußere Umgebung unterziehen.

Kommen wir beispielsweise zum ersten Mal an einen bestimmten Ort, so »durchleuchtet« unser Geist ihn ganz instinktiv. Er checkt das Haus, den Garten, die Umgebung. Sofort formt der Geist sich einen Eindruck bzw. eine Meinung über diesen Ort. Er registriert, ob ihm dieser Ort gefällt oder nicht gefällt und ob er sich in dieser Umgebung wohl fühlt. Der Geist erledigt dies ganz von selbst. Wir müssen ihm dazu keine Befehle erteilen. Genau dasselbe geschieht, wenn wir zum ersten Mal einen vorher unbekannten Raum betreten. Wir erhalten sofort einen ganz bestimmten Eindruck von diesem Raum. Wir gehen nicht hinein mit dem festen Vorsatz, diesen Check auszuführen. Unser Geist tut es einfach. Warum? Nun, das ist eine Gewohnheit. Bestimmte Dinge tun wir gewohnheitshalber.

Unsere äußere Umgebung unterwerfen wir ständig dieser Form der Kontrolle, und dies aus gutem Grund. Wir möchten wissen, ob wir die Umstände, in denen wir uns befinden, mögen oder nicht oder ihnen auch gleichgültig gegenüberstehen. Wenn wir sie schätzen, versuchen wir, die Situation aufrechtzuerhalten. Ist sie uns dagegen unangenehm, so versuchen wir, sie so schnell wie möglich hinter uns zu lassen oder sie so zu verändern, daß sie uns gefällt. Ist beides nicht möglich, so versuchen wir, die Situation weitgehend zu ignorieren. Diese Überprüfung der Außenwelt findet ständig statt, da sie unseren elementaren Bedürfnissen dient. Wir stellen dadurch fest, ob wir das, was ist, mögen oder nicht mögen, ob wir es ändern können oder ob wir eine andere Strategie einschlagen müssen, wenn dies nicht der Fall ist. Dies ist unsere Art, mit der Welt umzugehen. Fast alles, was wir tun, ist von diesen grundlegenden Überlegungen motiviert.

Doch diese Kontrolle findet nicht nur außerhalb unserer selbst statt. Auch unsere innere Umgebung wird ständig überprüft. Ich nenne diesen Vorgang die subjektive Überwachung, denn wir sind ein Subjekt und die Überprüfung findet innerhalb unseres Selbst statt. Objektiv hingegen bedeutet, daß sich etwas auf ein externes Objekt, auf die Außenwelt, bezieht. Die subjektive Überwachung ist in Ausdehnung und Intensität stärker als die objektive Überwachung, da sie von äußeren Faktoren völlig unberührt bleibt.

In der Außenwelt kann es vorkommen, daß wir einen Menschen kennenlernen, der auf den ersten Blick unfreundlich oder unsympathisch wirkt, so daß wir denken: »Ich mag diese Person nicht.« Dann fängt derselbe Mensch an, zu lächeln und etwas Nettes zu tun, und wir denken: »O, ist der/die aber nett!« Unser Eindruck wechselt also aufgrund äußerer Veränderungen. Wenn wir allerdings in unserem Innenleben etwas aufs Korn nehmen, dann gibt es keine zweite Chance. Erleben wir beispielsweise, wie ein Gedanke, ein Gefühl oder eine Stimmung aufkommt oder sich verändert, und unser Geist beurteilt, besser: verurteilt, diese Tatsache, dann gibt es keine äußeren Umstände, welche diese Reaktion verändern könnten. Wenn unser Geist also ein unangenehmes, düsteres Gefühl erzeugt, dann reagieren wir sofort darauf und wollen dieses Gefühl nicht haben. Der Geist schnappt gleichsam im Reaktionsmodus ein und kann lange Zeit so bleiben, denn unser inneres, subjektives Energiesystem ist nach außen abgeschlossen. Es gibt keine äußere Kraft, die uns aus diesem Modus heraushelfen könnte. Dieser Mechanismus erklärt unsere verschiedenen Stimmungen: die Tatsache, daß wir uns einmal so und dann wieder anders fühlen, warum unsere Stimmung sich ständig ändert und weshalb wir das Gefühl haben, daß unser Innenleben sich unserer Kontrolle entzieht. Wir sind in unserem inneren Reaktionsmodus gefangen.

Wenn wir meditieren, müssen wir uns über diese Besonderheit im klaren sein, denn Meditation bringt uns zuallererst in Berührung mit unserem Innenleben. Wir sollten daher unseren inneren Überwacher und seine kritische Natur kennenlernen und ihn von unserer Innenwelt unterscheiden können. Wenn wir das nicht tun, dann werden wir uns nur stärker in unserer Kritiksucht uns selbst gegenüber verfangen. Wir werden bestimmte Dinge nicht wissen wollen und einen Teil unser selbst unterdrücken. Dies führt weg vom Weg der Meditation in eine Art destruktiver Selbstbeobachtung. Ein solcher Blick nach innen ist tatsächlich schädlich, da er statt zu Klarheit und Freiheit nur zu mehr Repression, Selbstablehnung und Paranoia führt. Wenn unsere Freunde sagen: »Hör auf, dauernd auf deinen Fehlern und Neurosen herumzureiten. Du siehst immer nur die negativen Seiten deiner selbst«, dann sind wir in die Falle krankhafter Selbstbetrachtung getappt.

Statt dessen wollen wir lernen, uns selbst mit einer Haltung gegenüberzutreten, die solche Exzesse vermeidet, einer Haltung, in der wir uns sagen: »Was immer auch geschieht, es ist okay.« Dieses Okay bedeutet nicht, daß das, was passiert, uns gefällt, sondern daß wir trotzdem damit leben können. Wir müssen nicht versuchen, dem Geschehen auszuweichen. Tatsächlich können wir inneren Vorgängen ohnehin nicht entkommen. Wenn in unserem Geist Angst auftaucht, dann können wir sie genauso wenig loswerden, wie wir unsere Leber herausreißen können, wenn sie uns schmerzt. Es ist also von enormer Wichtigkeit, daß wir diese Haltung des Sichselbst-Annehmens verstehen: Das bin ich, in diesem Augenblick. Das bedeutet ja nicht, daß ich immer so sein werde. Ich bin so in diesem Moment, und das Beste, was ich als Mensch tun kann, ist mit mir selbst zurechtzukommen, mich selbst so zu akzeptieren, wie ich bin. Dies ist der erste große Akt des Mitgefühls, den ich mir selbst als menschlichem Wesen angedeihen lassen kann.

In dieser Hinsicht geht es uns wie einem Zimmerer, der etwas schaffen möchte. Er muß sich zuerst Holz besorgen. Er sieht dieses Holz an, es ist vielleicht nicht gerade das, was er sich gewünscht hätte, aber etwas Besseres war beim Händler nicht aufzutreiben. Also untersucht er es genau und fragt sich: »Was für eine Art Holz ist das?« Wenn er etwas aus hartem Eichenholz machen wollte, jetzt aber nur weiches Fichtenholz zur Verfügung hat, muß er vielleicht seine Pläne ändern, denn wenn er das falsche Material benutzt, wird das, was er machen will, nicht funktionieren. Und er sagt sich: »Nun, ich habe hier ein Stück Fichtenholz. Es ist schlecht abgelagert, es ist krumm, gesplittert und hat auch noch einen Riß. Was mache ich also daraus? Ich kann vielleicht nicht das machen, was ich wollte, aber trotzdem kann man noch etwas damit anfangen.«

Auf diese Art und Weise sollten wir mit uns selbst umgehen. »Was für ein Mensch bin ich eigentlich? Wenn ich einen Schritt zurücktrete und mich selbst objektiv betrachte, ähnele ich dann mehr einem Stück harter Eiche oder bin ich mehr wie dieses Fichtenstück, das man nicht richtig behandelt hat und das gesplittert und gespalten ist, weil es draußen im Regen lag?« Wenn wir so mit unserem Selbst umgehen, begreifen wir, daß es keinen Sinn hat, sich zu verurteilen. Was soll es nützen, wenn wir jammern: »O wie schrecklich, ich habe einen riesigen Riß genau in der Mitte«? Viel besser ist es, wir sagen uns: »Gut, das ist meine Ausgangsbasis. Es ist vielleicht nicht das, was ich wollte, aber es ist das, was ich bin.« In der Meditation heißt das, daß wir annehmen, was auch immer kommen mag.

Wenn wir das tun, werden wir feststellen, daß nichts für immer und ewig ist, ganz besonders nicht, wenn es den menschlichen Geist betrifft. Auch wenn wir einen absolut verkrüppelten, verbogenen und neurotischen Geist haben sollten, so wird sich das ändern, wenn wir nur geschickt genug damit arbeiten. Mit unserem Geist arbeiten zu lernen ist die große Aufgabe unseres Lebens. Wenn wir sie kunstgerecht lösen, so werden wir daraus unendliche Vorteile ziehen.

Den Ehrgeiz überwinden: Es gibt kein Ziel

Es gibt kein Ziel. Wenn wir denken: »Ich lerne mich selbst zu akzeptieren, dann wird mein Geist ganz wunderbar«, dann sind wir in die dritte Falle gegangen: Wir haben uns ein Ziel gesetzt. Sobald es aber ein Ziel gibt, entstehen eine Menge Probleme, denn die Vorstellung von einem Ziel führt automatisch zu der Frage, ob man es erreicht oder nicht. Wir sollten begreifen, daß es auf jeden Fall zu einer Veränderung kommt, wenn wir beginnen, mit unserem Geist zu arbeiten. Das bedeutet nicht, daß wir uns das Ziel setzen, an unserem Geist etwas zu verändern. Das ist nicht unsere Aufgabe. Die Veränderung wird sich von selbst ergeben, zur richtigen Zeit und auf die richtige Weise, einfach nur deshalb, weil wir meditieren. Unsere Aufgabe ist es, uns in Achtsamkeit zu üben, damit wir immer mehr im Augenblick präsent sein können und lernen, mit dem zu leben, was ist. Wenn wir das tun, ergibt sich alles andere von selbst.

Unsere Ordnung der Dinge sieht also so aus: Als erstes lernen wir, im Augenblick präsent zu sein und die Gegenwart zu akzeptieren. Zweitens entwickeln wir eine Haltung, in der wir uns selbst annehmen, so daß alles, was eventuell aufsteigt, für uns okay ist. Wir lernen also, mit uns selbst zurechtzukommen. Und schließlich geben wir alle Ziele auf.

Kein Ziel zu haben ist für die meisten Menschen anfangs erschreckend, weil unser Leben mit Zielvorstellungen überfrachtet ist. »Aber wie können wir denn etwas erreichen, wenn wir uns kein Ziel setzen?« Nun, wenn wir die Vorstellung fallenlassen, daß wir irgendwo ankommen müssen, werden wir feststellen, daß wir bereits dort sind. Es gibt keinen Ort, an den wir gelangen müssen. Wir sind jetzt bereits genau dort, wo wir sein sollen, wir haben es nur noch nicht bemerkt. Sobald wir das begriffen haben, können wir uns entspannen. Wir können aufhören, uns immer nach der Decke zu strecken, etwas erreichen zu wollen, gewinnen zu müssen, etwas zu schaffen. Und wir können die dauernde Furcht vor dem Versagen loslassen, die diese Haltung wie eine Zwillingsschwester begleitet. Wo immer in diesem Rahmen Hoffnung auftaucht, gibt es auch Angst. Wenn wir also keine Ziele haben, lernen wir, wie wir uns entspannen, bei uns bleiben und uns annehmen können.

Motivation: Unser inneres Potential leben

Wenn wir nichts erreichen wollen, weshalb sollten wir dann meditieren? Nun, dafür gibt es verschiedene Gründe. Zum einen leiden die meisten von uns unter seelischen Spannungen, was ziemlich schmerzhaft ist. Wir würden Angst, Streß, Spannungen, Nervosität, Niedergeschlagenheit und Schuldgefühle gerne loswerden. Wir möchten schöpferisch damit arbeiten. Dies ist sicher der erste große gemeinsame Nenner bei der Frage nach dem Warum der Meditation. Dabei wird uns dann mehr und mehr klar, daß wir als Menschen mehr vermögen als nur zu leben, um zu essen, zu schlafen und zu arbeiten. Im Menschen liegt das Potential für ein ausgesprochen hohes Niveau an Weisheit, Mitgefühl und Klarheit. Alle großen Menschen der Geschichte zeigen uns, daß in uns die Fähigkeit liegt, weit über das hinauszugehen, was wir normalerweise leben.

Als ich begann, psychologische Fachliteratur zu lesen, hat mich besonders Maslows Vorstellung von den »peak experiences« beeindruckt. Ekstatisches Erlebnis – das klang einfach toll, so als habe man plötzlich den Zugang zu einer ganz neuen Welt gefunden. Also wollte ich unbedingt solche »ekstatischen Erlebnisse« haben. Doch dann stellte ich fest, daß sie eher selten zu sein schienen und offenbar nur unter ganz geheimnisvollen Bedingungen entstanden. Und schließlich wurde mir klar, daß »ekstatische Erlebnisse« das eigentliche Wesen des menschlichen Potentials ausmachten. Diese Erfahrung muß sich keineswegs auf einige wenige Augenblicke im Leben beschränken, die bald wieder vorbei sind. Das menschliche Potential erlaubt uns, das ganze Leben zu einer derartigen Gipfelerfahrung zu gestalten. Nur weil dieser Geisteszustand gewöhnlich mit einem Hauch von Mystizismus umgeben wird, denken wir, daß diese Erlebnisse auf einer höheren, uns nicht zugänglichen Ebene stattfinden. Aber es handelt sich dabei nur um eine besonders tiefe Meditationserfahrung, in der sich unser inneres Potential ohne unser Zutun voll entfaltet. Natürlich geschieht das nicht über Nacht, doch irgendwann in unserem Leben können wir diese Erfahrung tatsächlich machen. Schließlich gibt es Menschen auf dieser Welt, die ihr inneres Potential voll verwirklicht haben. Unsere Meditation hat also noch einen anderen Aspekt: die Verwirklichung unseres menschlichen Potentials.

Für Buddhisten hingegen ist der wichtigste Grund für die Meditation der dritte: der Wunsch, anderen zu helfen. Wir sehen uns das menschliche Leben an und erkennen, daß es unermeßliches Leid mit sich bringt. Viele Wesen leiden schrecklich, und wir verspüren den drängenden Wunsch, ihnen zu helfen. Wenn wir jemanden in Bedrängnis sehen, dann wollen wir diesem Menschen doch normalerweise helfen, nicht wahr? Wenn wir sehen, daß sie unter ihrem Elend fast zusammenbrechen, dann wünschen wir uns nichts sehnlicher, als sie davon zu befreien. Unter Umständen schließen wir durch diesen Wunsch Bekanntschaft mit dem Gefühl absoluter Hilflosigkeit. Denn wir stellen häufig fest, daß wir nicht wissen, wie wir diesen Menschen helfen sollen, wie wir ihnen die Hand reichen, was wir ihnen sagen und wie wir uns ihnen nähern sollen. Vielleicht können wir nichts weiter tun, als den Arm um sie zu legen und ihnen irgendeine schreckliche Lüge aufzutischen wie: »Mach dir keine Sorgen. Es wird alles wieder gut.« Wir wissen nicht, was wir sagen sollen, also greifen wir auf diese Plattheiten zurück. Der dritte Grund für unsere Meditation ist also, daß wir das Leiden in der Welt sehen und etwas dagegen tun wollen.

Wir verstehen mehr und mehr, daß wir unsere persönlichen Qualitäten entwickeln müssen, wenn wir anderen helfen wollen. Wir müssen zunächst selbst frei von Verwirrung und innerem Aufruhr sein. Denn erst dann werden Weisheit, Mitgefühl und Klarheit in uns aufscheinen, so daß wir unmittelbar erkennen, wie wir helfen können. Mit diesem Wissen erlangen wir gleichzeitig auch die Fähigkeit, konkret zu handeln. Unsere Weisheit wird uns sagen, was zu tun ist, aber ohne Mitgefühl werden wir trotzdem nichts bewirken können. Aus diesem Grund entwickeln wir in der Meditation auch Mitgefühl.

Unsere Motivation zum Meditieren beruht also auf folgenden Punkten: Zum einen möchten wir unser inneres Potential entwickeln und zu »ekstatischen Erlebnissen« gelangen, ohne daraus ein Ziel zu machen. Zum anderen aber wollen wir lernen, anderen Wesen wirklich zu helfen. Unser Leben wird dadurch ganz von selbst zu einer positiven Kraft. Unser schlichtes Dasein ist nicht schädlich, sondern gut für die Welt. So wird unser Geist mehr und mehr für andere hilfreich, ohne daß wir uns dauernd sagen müssen: »Oh, ich muß Gutes tun.« Wenn wir den Geist von seinen neurotischen, negativen Mustern befreien und unser inneres Potential freisetzen, verhalten wir uns ganz spontan so, daß wir für andere nützlich sind. Daran ist nichts Künstliches. Wir müssen nicht dauernd darüber nachdenken oder uns anhalten, anderen zu helfen.

Zunächst wird die Meditation einfach nur bewirken, daß Sie besser verstehen, was zum Beispiel mit Ruhe gemeint ist und was es eigentlich bedeutet, wenn der Geist ruhig wird. Es ist dies keine Qualität, die von außen kommt und irgendwie erlernt oder von uns geschaffen werden muß. Es handelt sich dabei nur um das Aufkeimen dessen, was in uns bereits vorhanden ist. Wenn der Geist ruhig wird, werden uns viele Dinge, die uns vorher nicht bewußt waren, von selbst klar: Dinge über uns, die Welt um uns, die Art, wie wir leben, und unsere Beziehungen. Alles wird einfach sehr viel klarer. Wir sollten daher in unserem Geist die Voraussetzungen schaffen, daß diese erste Form der Ruhe aufkeimen kann. Dies geschieht durch die Übung in Achtsamkeit – das Herz jeder Meditation.

Je ruhiger unser Geist wird, um so klarer können wir seinen Zustand erkennen. Auch diese Einsicht ergibt sich ganz natürlich wie die Geistesruhe. Die traditionelle Abfolge ist diese: Wir üben uns in Geistesruhe, und die grundlegende Einsicht in den Lauf der Dinge steigt ganz von selbst in uns auf.

Einsicht bedeutet, daß wir auf einer sehr tiefen Ebene etwas dazulernen. Wir lernen durch direkte Wahrnehmung. Diese wiederum erweckt in uns ein unmittelbares, tiefes Verständnis. Es geht dabei nicht um von außen an uns herangetragene Information, die wir in uns aufnehmen. Einsicht führt letztlich zu Weisheit, da wir »von innen« erfahren, wie und was wir als Menschen eigentlich sind. Weisheit und Verständnis entstehen nur dann, wenn wir selbst unser Mensch-Sein zutiefst verstanden haben. Nicht durch theoretische Überlegungen. Nicht durch gedankliche Konstrukte, sondern einfach durch unmittelbare Erfahrung und Wahrnehmung: »So funktioniert mein Geist also. Deshalb werde ich wütend. So werde ich deprimiert. Darum empfinde ich Angst.« Das hat nichts mit Theorien zu tun. Es ist einfach direkte Wahrnehmung. In der Meditation sehen wir, was unser Geist von einem Augenblick zum anderen tut. Warum das so ist? Weil wir üben, präsent zu sein. Präsent zu sein heißt, daß wir unsere Fähigkeit zu verstehen auf den gegenwärtigen Moment anwenden. Dann können wir gar nicht mehr anders als wahrzunehmen, was tatsächlich geschieht.

Wir werden feststellen, daß der Geist sich dabei verändert. Nicht wir verändern ihn, sondern er ändert sich von selbst. Das ist genauso, wenn wir einem Kind zu essen geben. Durch die Nahrung verändert sich der Körper des Kindes. Es wächst. Wir wecken es morgens nicht und sagen: »Komm, iß jetzt dein Frühstück und laß deinen linken Arm länger werden.« Die Tatsache, daß das Kind Nahrung zu sich nimmt, führt ganz automatisch zu mehr Wachstum. Genauso führt Meditation zu mehr Geistesruhe, Einsicht und entsprechenden Veränderungen. Die Auswirkungen, die dies auf unser Leben hat, legen den Grundstein für Weisheit, Mitgefühl und Klarheit.

Meditationspraxis: Die Grundlagen

Wenn wir meditieren, trainieren wir den Geist, ganz in der Gegenwart zu sein. Man nennt dies auch die Übung der Achtsamkeit.

Der untrainierte menschliche Geist unterliegt ständig irgendwelchen Ablenkungen und kann daher die Wirklichkeit nicht wahrnehmen, wie sie ist, da Verwirrung und Zerstreutheit viel zu groß sind. Das Wesen der Ablenkung ist die Bewegung vom Augenblick weg. Indem wir lernen, in der Gegenwart zu leben, geben wir dem Geist einen Anker und lernen so seine Tiefendimension kennen, nämlich Weisheit und Mitgefühl. Diese Qualitäten sind im Geist zwar immer da, doch normalerweise haben wir keinen Zugang zu ihnen, weil unser Geist ständig in Aufruhr ist. Achtsamkeit ist also das Gegenteil von Ablenkung.

Die Fähigkeit, achtsam zu sein, ist in jedem von uns angelegt, wird aber in den seltensten Fällen entwickelt. Sie ist die Basis für innere Ruhe und die grundlegende Einsicht in die Natur des Geistes.

Meditation läßt sich also als logische Schrittfolge beschreiben:

1. Regelmäßige Meditationspraxis läßt unsere Achtsamkeit wachsen, so wie Krafttraining unsere Muskeln wachsen läßt.
2. Die zunehmende Achtsamkeit bringt Veränderungen in unserem Geist mit sich, so wie es zu Veränderungen führt, wenn wir Kuchenteig in die Hitze des Backofens schieben. Diese Veränderungen zeigen sich wie folgt:
3. Unser Geist wird ruhig. Der menschliche Geist neigt von Natur aus zur Ruhe wie Wasser, das ohne von außen einwirkende Kräfte still ist. Ablenkung schafft Unruhe im Geist. Wenn wir uns also von der Ablenkung lösen, erfährt unser Geist automatisch immer mehr Ruhe, ohne daß von außen etwas Neues in ihn hineingetragen wird, ohne jede

Einwirkung oder Kontrolle von unserer Seite. Geistesruhe entsteht, wenn die entsprechenden Voraussetzungen geschaffen werden.

4. Sobald der Geist ruhig wird, wird er automatisch klarer, auch hier dem Wasser gleich, das klarer wird, wenn sich die durch äußere Bewegung aufgewirbelten Schmutzteilchen setzen. So erlangt der Meditierende Einsicht in seinen Geist. Er nimmt direkt wahr, was der Geist tut und wie er dies tut. Verborgene psychologische Mechanismen, die normalerweise unbewußt oder an der Schwelle des Bewußtseins ablaufen, werden dem Licht des Bewußtseins ausgesetzt. Dies führt zu innerem Wachstum, zu einem seelischen Heilungsprozeß und letztlich zur direkten Wahrnehmung der Natur des Geistes.

In dieser Phase wirkt Meditation wie eine Psychotherapie.

In der traditionellen Übungsabfolge liegt der Akzent auf der Entwicklung von Achtsamkeit. Diese wiederum führt zu mehr Geistesruhe und schließlich zu einem allmählichen Anwachsen der Einsicht. Der Meditierende erhält kaum direkte Anweisungen zur Entwicklung von Einsicht, da sich diese normalerweise mit zunehmender Geistesruhe selbst entwickelt.

Viele Meditierende aus dem Westen aber erleben dieses natürliche Aufsteigen von Einsicht nicht. Möglicherweise liegt das an der komplexen Psychologie unseres technologiegeprägten Geistes. Die Folge ist, daß viele dieser Menschen ein bestimmtes Niveau erreichen, aber dann nicht mehr weiterkommen. Ihr Geist wird starr und verschlossen statt offen und weit. Unwissentlich wird Meditation für sie ein Mittel, psychologische Entwicklungen zu unterdrücken, statt sie zu fördern. Und so bleiben diese ungelösten Probleme für immer in den Tiefen der Seele verborgen. Da dort aber auch die negativen und konfliktträchtigen Emotionen wurzeln, gibt es keinerlei Fortschritt mehr. Der Geist wird eng und starr, innere Abwehrmechanismen werden verstärkt und der Meditierende leugnet seine negativen Anteile. Auf diese Weise werden innere Erkenntnis und Weisheit bereits im Keim erstickt.

Wir sollten uns also mit unserem Geist anfreunden und ihm auf spielerische Weise begegnen, wenn wir uns aufmachen, ihn mit Hilfe der hier vorgestellten Meditationsmethoden zu erforschen. Eigentlich sollen diese Übungen den Austausch zwischen Meditierenden und einem erfahrenen Meditationslehrer fördern (am besten in einer Gruppe), doch man kann sie natürlich auch für sich üben.

Die Übungen beruhen auf der Tatsache, daß der untrainierte menschliche Geist dazu neigt, seine inneren Prozesse selektiv wahrzunehmen. Das heißt, er sieht einfach nur, was er sehen will und was ihn nicht stört. Alles andere wird unterdrückt, geleugnet oder projiziert. Diese Neigung zeigt sich in der Meditation sehr deutlich, sie ist eine Art unsichtbarer Kraft im unerleuchteten Geist. Die Existenz einer solchen Kraft verhindert aber gleichzeitig das Aufkeimen von Einsicht, was zu einem Teufelskreis führt, in dem Meditierende meiner Erfahrung nach häufig jahrelang festhängen. Diese Übungen sind als Gegenmittel gedacht.

Meditationsobjekt

Wenn wir anfangen zu meditieren, brauchen wir ein Objekt, auf dem wir den Geist gleichsam »ablegen« können, um ihn vor Ablenkung zu bewahren. Dies ist das sogenannte Meditationsobjekt, die Stütze oder Hilfe bei der Meditation. Normalerweise benutzt man zu diesem Zweck den Atem, aber auch Geräusche eignen sich gut dafür.

Ein Abenteuer

Probieren Sie diese Meditationspraxis einfach aus und sehen Sie, was geschieht. Wenn Sie eine Sitzung hinter sich haben, können Sie in den Hinweisen für Helfer am Ende des Buches nachlesen. Wiederholen Sie die Übung so lange, bis Sie das Gefühl haben, Sinn und Zweck richtig verstanden zu haben. Am besten wäre es, wenn Sie diese Übungen mit ein paar Freunden machen könnten. Sie können sich als Helfer abwechseln. In diesem Fall sollte nur der Helfer die Hinweise vor der Übung lesen.

Die Übungen sind über den ganzen Text verteilt. Damit Sie sie richtig zuordnen und in den Hinweisen für Helfer nachlesen können, habe ich sie fortlaufend numeriert.

Das Ende der Sitzung

Beenden Sie jede Sitzung mit folgendem Gebet:

Mögen alle Wesen Glück erfahren und die Ursachen von Glück.

Mögen alle Wesen frei sein vom Leid und den Ursachen des Leides.

Mögen sie untrennbar sein vom höchsten Glück, das frei ist von Leid.

Mögen sie leben frei von Anhaftung oder Abneigung und im Wissen um die Gleichheit von allem, was lebt.

Übungen 1 und 2: Meditation mit einem Objekt

Setzen Sie sich bequem hin. Achten Sie darauf, daß Ihr Rücken gerade bleibt.

Atem

Richten Sie Ihre Aufmerksamkeit auf das Ein- und Ausströmen des Atems an den Nasenlöchern. Tun Sie dies auf lockere, entspannte Weise. Hier geht es nicht um Konzentration. Sie schließen keine Gedanken aus, Sie unterdrücken sie nicht. Lassen Sie den Gedankenstrom einfach fließen, auch wenn Sie Ihre Aufmerksamkeit auf dem Atem ruhen lassen. So als würden Sie Hausaufgaben machen, während im Hintergrund Musik läuft. Sie hören die Musik, richten Ihre Aufmerksamkeit aber auf die vorliegende Aufgabe.

Bald gleiten Sie wieder ins Denken ab. Sobald Sie es bemerken, führen Sie Ihre Aufmerksamkeit wieder auf den Atem zurück. Die Gedanken lassen Sie einfach laufen. Versuchen Sie nicht, sie wegzuschieben oder zu unterdrücken.

Wann immer Ihr Geist abgleitet, wiederholen Sie diese Prozedur. Versuchen Sie nicht, den Geist mit Gewalt auf dem Objekt zu lassen. Sie richten wie zufällig Ihre Aufmerksamkeit darauf und bleiben ansonsten ganz entspannt. Auch wenn Sie zum Atem zurückkehren, tun Sie dies ganz weich und locker. Zerren Sie nicht an den Zügeln.

Geräusche

Das Prinzip ist dasselbe wie beim Atem. Sie richten Ihre Aufmerksamkeit auf die Sie umgebenden Geräusche. Bitte beschaffen Sie sich keine zusätzlichen Geräusche wie z.B. Musik. Alle Töne, die Sie umgeben, dienen Ihnen als Stütze – Verkehrsgeräusche, der Wind, Stimmen, was auch immer.

Sie öffnen Ihren Geist den Geräuschen und erlauben den Tönen, zu Ihnen zu kommen. Sie suchen nicht nach ihnen und Sie versuchen nicht, spezielle Töne herauszufiltern. Was immer vorhanden ist, genügt. Lassen Sie zu, daß das Geräusch, welches in Ihrer Umgebung gerade vorherrscht, Ihre Aufmerksamkeit auf sich zieht, und bleiben Sie dabei.

Wenn Ihr Geist abwandert, holen Sie ihn sanft zurück, genauso wie Sie es während der Atemübung gemacht haben.

Meditation mit einem Objekt ist die grundlegende Übung bei der Entwicklung von Achtsamkeit. Machen Sie diese Übungen, wann immer Sie Achtsamkeit und Geistesruhe entwickeln wollen.

Übung 1: Die Aufmerksamkeit lenken

Meditieren Sie wie üblich mit Ihrem Meditationsobjekt. Machen Sie eine Sitzung von 15 bis 20 Minuten.

Nun ziehen Sie während dieser Sitzung dreimal Ihre Aufmerksamkeit bewußt von Ihrer Meditationshilfe ab und wenden sie dem Gedanken zu, der Ihnen gerade durch den Kopf geht. Machen Sie diesen Gedanken für 20 oder 30 Sekunden zum Meditationsobjekt. Kehren Sie dann zu Ihrer gewöhnlichen »Stütze« zurück.

Achten Sie darauf, welche Wirkung dies auf den Geist hat. So lernen Sie, mit dem Meditationsobjekt richtig zu arbeiten.

Übung 2: Das Meditationsobjekt aufgeben

Beginnen Sie wie bei Übung 1.

Nach fünf Minuten hören Sie auf, Ihre Aufmerksamkeit auf das Meditationsobjekt zu richten. Sie lassen den Geist frei umherwandern. Sagen Sie sich, daß Sie nichts zu tun haben.

Versuchen Sie einmal, ob Sie spüren können, daß der Gedanke an eine Aufgabe in Ihrem Geist Spannungen erzeugt. Wenn Sie nicht den Eindruck haben, etwas tun oder erledigen zu müssen, entspannt der Geist sich von selbst.

Lernen Sie so viel wie möglich über diesen Entspannungszustand. Lassen Sie zu, daß er zur Grundlage Ihrer Meditationserfahrung wird.

Zeit: Machen Sie jede Übung dreimal.

II. Aussichten mit Einsichten

Alles, was wir brauchen,
ist bereits da.

Haltung

Im vorangehenden Kapitel haben wir die Grundprinzipien der Meditation vorgestellt. Unsere Haltung der Meditation gegenüber ist eines davon. Dies ist deshalb so wichtig, weil unsere Haltung ja letztendlich bestimmt, wie wir mit unserem Geist, unseren Emotionen und Gedanken sowie den sich ständig verändernden Stimmungen umgehen.

Normalerweise haben wir Probleme damit, uns so anzunehmen, wie wir sind. Wir sind da sehr wählerisch. Wir suchen uns nur die Persönlichkeitsanteile aus, die uns gefallen, die anderen lassen wir lieber im Dunkeln. Wenn wir meditieren, verursacht diese Haltung uns Probleme, weil Meditation bedeutet, daß wir uns auf allen Ebenen für uns selbst öffnen. Wenn wir darauf bestehen, nur bestimmte Teile unserer Persönlichkeit wahrzunehmen, verhindert dies die grundlegende Öffnung und bewirkt, daß wir uns selbst nicht akzeptieren können, unsicher sind und uns gar selbst hassen. Wir müssen also üben, freundlicher mit uns umzugehen und uns stärker anzunehmen, damit wir mit dem, was bei der Meditation sichtbar wird, leben können, ohne erneute Probleme zu schaffen. Diese Probleme entstehen durch unsere Reaktionen auf die Erkenntnisse, welche uns die Übung in Achtsamkeit vermittelt.

Wie wir bereits gesehen haben, entsteht innere Ruhe, wenn wir Achtsamkeit praktizieren. Diese Geistesruhe muß von uns nicht extra geschaffen werden. Sie muß nicht von außen in den Geist gebracht werden und kann nicht hergestellt werden. Geistesruhe ist eine Qualität, die in uns bereits vorhanden ist. Wenn wir ihr das nötige Fundament bereiten, indem wir uns vom Aufruhr des Geistes befreien, dann erfahren wir ganz von selbst diese innere Ruhe. Sie entsteht völlig natürlich.

Je länger wir meditieren, um so deutlicher erkennen wir, daß alle erleuchteten Eigenschaften in uns bereits existieren und nur von verschiedenen Faktoren verdunkelt oder verschleiert werden. In der klassischen buddhistischen Literatur werden diese Faktoren »Verdunkelungen« oder »Schleier« genannt. Es geht dabei um Geisteszustände, welche die Erfahrung des erleuchteten Potentials in uns verhindern. Je klarer uns das ist, um so entspannter gehen wir die Arbeit an uns selbst an, denn damit ist gleichzeitig klar, daß alles, was wir brauchen, bereits in uns ist. Als Meditierende müssen wir eigentlich nur die Voraussetzungen schaffen, damit das, was zwischen uns und der Erfahrung unseres erleuchteten Geistes steht, aufgelöst werden kann: die Verdunkelungen des Geistes.

Diese Schleier wurzeln in dem, was wir die drei Geistesgifte* nennen: in Gier oder Haben-Wollen, Haß oder Ablehnung, Illusion und ihren diversen Abkömmlingen. Aus diesem Grund sind wir auch ständig damit beschäftigt, diese Zustände zu erkennen und wieder loszuwerden. Einfach ausgedrückt heißt das, daß wir uns unseren negativen Eigenschaften stellen und uns dadurch von ihnen befreien müssen. Dahin führt allerdings nur ein Weg: Wir dürfen uns auf die Negativität weder konzentrieren noch sie verleugnen. Dies ist der verantwortungsbewußte, mittlere Weg, auf dem wir die Existenz von Negativem anerkennen und dann versuchen, etwas dagegen zu unternehmen. Wenn wir aber von Negativität vollkommen frei werden wollen, müssen wir zuerst Achtsamkeit üben.

Herausfinden, wo wir stehen

Achtsamkeit ist eine Fähigkeit, über die jedes menschliche Wesen latent verfügt. Wenn wir dies verstehen, ist es wesentlich leichter zu begreifen, wie und warum wir meditieren. Achtsamkeit ist eine Anlage wie jede andere Begabung, zum Beispiel für Musik oder Mathematik. Wie diese liegt sie in uns verborgen, bis wir beginnen, sie zu trainieren. Wenn wir Musiker werden wollen, dann üben wir, damit unsere Begabung wächst und zum Ausdruck kommt.

Im Alltagsleben leuchtet uns dieser Zusammenhang meist ein, warum also nicht in der Meditation? Viele Menschen be-

* Geistesgifte: Wenn wir außerdem noch Stolz und Eifersucht hinzuzählen, sind es fünf. Tibetische Lamas allerdings meinen, daß wir »Westler« noch ein sechstes erfunden haben: Schuldgefühle.

trachten Meditation als etwas Mystisch-Magisches: »Wenn ich die richtige Sitzhaltung einnehme, die richtigen Kleider trage, den richtigen Gesichtsausdruck habe und in der richtigen Umgebung meditiere, dann wird in meinem Geist etwas ganz Wundervolles geschehen.« Viele Menschen unterliegen diesem Irrtum. Es gibt sogar einige Bücher, die diese irrige Auffassung konsequent vertreten. Sie entwerfen gerne folgendes Szenario, obwohl es äußerst unwahrscheinlich ist: Jemand kommt von der Straße in einen Meditationsraum, hat bisher ein geschäftiges, ja chaotisches Leben geführt, setzt sich hin, lernt eine bestimmte Technik, und schon hat er eine wirklich tiefe Erleuchtungserfahrung – das wäre etwa so, als würden wir von jemandem, der noch nie ein Musikinstrument in der Hand hatte, erwarten, daß er eine komplizierte Etüde von Beethoven spielt, und das einzig und allein, weil er beschlossen hat, nun Musiker zu werden. Das Beispiel macht wohl deutlich, wie unwahrscheinlich so ein Mythos ist.

Wir sollten uns der Meditation also mit einem Sinn fürs Praktische nähern. Meditation ist ein andauernder Prozeß, in dem bestimmte, latente Fähigkeiten langsam geübt und entwickelt werden. Einige Menschen haben bereits ohne besondere Übung ihre Fähigkeit zur Achtsamkeit ein bißchen kultiviert, andere hingegen sind damit noch nie in Berührung gekommen. Das hängt vor allem von der eigenen Lebenssituation ab. Wenn wir also beschließen, mit der Meditation anzufangen, dann heißt das nur, daß wir uns auf ganz simple, praktische und irdische Weise in Achtsamkeit üben. Während dieses Prozesses wird unsere Achtsamkeit sich immer stärker entwickeln. Ganz so, als ob Sie Mathe oder Klavierspielen üben würden. Der einzige Unterschied ist, daß Sie in diesen

Disziplinen Ihren Fortschritt ohne weiteres feststellen können. Letzte Woche konnten Sie z. B. nur die Tonleiter in C-Dur spielen, diese Woche beherrschen Sie sie auch in G-Dur. Sie haben Fortschritte gemacht. Ihre Finger sind geschickter, Sie kennen die Tastatur besser, Ihr Sinn für Musik hat sich weiterentwickelt und was dergleichen Dinge mehr sind. Nach einem Jahr können Sie zurückblicken und sagen: »Ja, als ich anfing, konnte ich gerade mal ein bißchen herumklimpern, jetzt kann ich schon etwas spielen.«

Beim Thema »Achtsamkeit« ist das nicht ganz so einfach. Wir wissen nicht, ob wir uns entwickelt haben, weil unser Geist diese Entwicklung nicht unbedingt erkennt. Unsere kognitiven, intellektuellen und analytischen Fähigkeiten haben damit nichts zu tun. Diese Entwicklung vollzieht sich lateral. Der Geist wird offener, weiter, was letztlich dazu führt, daß unsere Fähigkeit zur Wahrnehmung vertieft wird. Wir sind uns stärker im klaren über uns selbst, unsere Motive und Beweggründe. Wir verstehen besser, was in und um uns herum vorgeht. Dies ist ein subtiler Prozeß, weil wir häufig nicht einmal bemerken, daß wir den Ariadnefaden bereits in der Hand halten. Manchmal brauchen wir einige Zeit, bevor wir merken, daß wir uns verändert haben.

In diesem Prozeß lernen wir mehr und mehr, unsere Ablenkungen hinter uns zu lassen. Zumindest wissen wir, wann wir abgelenkt sind, was vorher nicht der Fall war. Wenn wir nicht achtsam sind, sind wir abgelenkt, ohne es überhaupt zu merken. Wir sind so mit unseren Tagträumen oder anderen Hirngespinsten beschäftigt, daß wir an Wände laufen oder über unsere eigenen Füße fallen. Wenn wir uns in Achtsamkeit üben, werden diese Grauzonen des Bewußtseins immer weniger und weniger. In unserem Training geht es also in erster Linie um Achtsamkeit. Darauf richten wir im Moment all unsere Bemühungen. Wenn wir uns darauf beschränken, Achtsamkeit zu üben, wird alles andere sich wie von selbst entwickeln. Wenn wir in einem dunklen Raum das Licht anmachen, dann verschwindet die Dunkelheit und wir sehen ganz von selbst, wie der Raum aussieht. Üben wir uns in Achtsamkeit, dann legen wir damit eine feste Grundlage für unser inneres Wachstum und erfahren immer tiefere Bewußtseinszustände.

Achtsamkeit bedeutet, daß wir im Moment des Geschehens wissen, was passiert, gleichgültig, worum es geht.

Übung 3: Beobachtergeist und aktiver Geist

Die Essenz der Meditation ist das Üben von Achtsamkeit. Dabei läßt man die Aufmerksamkeit auf irgendeiner äußeren »Stütze« ruhen und kehrt dorthin zurück, wenn der Geist abschweift.

Dies ist nur möglich, weil ein Teil unseres Geistes sich selbst beobachtet, während der andere sich mit den aufkeimenden Gedanken, Gefühlen, Bildern identifiziert. Wenn wir nicht diese Anlage zur Selbstreflexion hätten, würden wir nicht bemerken, daß wir denken, wenn das Denken in unserem Geist geschieht.

Den Beobachter in uns nennen wir den »Beobachtergeist«, den beobachteten Teil, der sich mit dem Geschehen identifiziert, »aktiven Geist«. Und wenn wir von Gedanken sprechen, dann meinen wir damit auch Gefühle und Emotionen.

Die Übung:

Setzen Sie sich an einen ruhigen Ort und entspannen Sie sich. Denken Sie an nichts.

Sie werden feststellen, daß Sie trotzdem denken. Es ist, als ob Gedanken und Gefühle von selbst in Ihren Geist eintreten würden.

Beobachten Sie dieses interessante Faktum noch ein paar Minuten lang: Gedanken entstehen wie von selbst, Sie denken zwar, doch ein Teil von Ihnen ist trotzdem in der Lage, sich beim Denken zuzusehen – wie ein Außenseiter, der beobachtet, was geschieht.

Fahren Sie mit der Übung so lange fort, bis Sie das Gefühl haben, mit beiden Teilen Ihres Selbst vertraut zu sein.

Und nun fragen Sie sich: Welcher der beiden sind Sie?

Zeit: Sieben Tage lang täglich fünf bis zehn Minuten.

Frage: Zwischen Achtsamkeit und der Fähigkeit, Klavier zu spielen, scheint es aber doch einen Unterschied zu geben. Wenn Sie nämlich eine Zeit lang nicht Klavier spielen konnten und fangen dann wieder an, dann können Sie Ihre Tonleitern immer noch spielen. Wenn man aber eine gewisse Zeit lang nicht meditiert, dann scheint man wieder völlig von vorne anfangen zu müssen.

Antwort: Interessanterweise merken Sie aber, daß Sie ganz von vorne anfangen müssen, und das beweist, daß die Achtsamkeit nicht völlig verloren gegangen ist, denn als Sie anfingen, Achtsamkeit zu üben, war Ihnen ja nicht einmal bewußt, an welchem Punkt Sie waren. Nur sehr wenige Menschen verlieren die einmal erworbene Achtsamkeit vollkommen wieder. Es scheint, als ob man eine mächtige Kraft innerhalb des Geistes weckt, wenn man beginnt, Achtsamkeit zu trainieren.

Es kann auch geschehen, daß Sie den Eindruck haben, es gehe Ihnen immer schlechter, je länger Sie meditieren, denn wenn Sie Ihre erste mit Ihrer zehnten Sitzung vergleichen, dann scheint Ihr Geist von Sitzung zu Sitzung immer chaotischer und aufgewühlter zu werden. Das ist ein gutes Zeichen, denn es bedeutet, daß Ihre Achtsamkeit in der ersten Sitzung so gering war, daß Sie gar nicht bemerkt haben, wie sehr sich Ihr Geist in seinen Ablenkungsmanövern ergeht. Ein einziger Moment der Ruhe schien damals schon großartig und wunderbar. Je besser sich aber Ihre Achtsamkeit entwickelt, um so deutlicher wird Ihnen das Chaos in Ihrem Geist. Und daher denken Sie, es gehe Ihnen schlechter, obwohl Sie nur endlich sehen, was immer schon vorhanden war.

Frage: Wir sind in einer Kultur aufgewachsen, in der einem beigebracht wird, Dinge immer und immer wieder zu hinterfragen. Wir denken, daß es auf jede Frage eine Antwort gibt. Mir scheint aber, daß man mit der Meditation an einen Punkt kommt, wo es keine Begründungen mehr gibt. So als ob die Antwort sei, daß es einfach keine Antwort gibt. Es ist ein komisches Gefühl, wenn man nicht mehr nach Gründen sucht.

Antwort: Das ist eine kluge Bemerkung. Tatsächlich ist es in unserem Leben so, daß wir immer Gründe haben wollen.

Wenn wir dann in der Meditation die Erfahrung machen, daß es keine Begründungen mehr gibt, reagiert unser Geist irritiert: »Wenn du keine Antworten findest, dann hast du etwas falsch gemacht.« Das ist das nächste Problem im Leben. Wenn Sie im Alltag Streit mit jemandem haben und dieser Person nichts entgegnen können, dann heißt es sofort: »Ha, Sie wissen nicht mehr weiter. Das heißt, daß ich recht habe und Sie unrecht.« In der Meditation ist das anders. Wir betreten sozusagen neutralen Boden, einen offenen Raum, in dem es nicht unbedingt auf Begründungen ankommt, weil man solche einfach nicht mehr braucht. Es ist ein völlig anderes Umfeld. Zum Lernen ist das ungeheuer wertvoll, weil wir uns selbst gegenüber viel flexibler werden.

Wenn man tibetische Lamas kennenlernt, dann ist man häufig irritiert, weil sie in bester Laune die merkwürdigsten Dinge unternehmen, ohne auch nur daran zu denken, diese zu begründen. Und wenn Sie nachbohren, merken Sie, daß man Sie für ein bißchen dumm hält, weil Sie so an Begründungen kleben. Sie meinen: »Stell dich doch nicht so an. Wir tun das jetzt einfach.« Wir sind das einfach nicht gewöhnt. Wenn wir hier im Westen nicht einen guten Grund für etwas haben, dann tun wir es nicht. Aber für unseren Geist ist es gut, Dinge ohne Grund zu tun. Und was lernen wir nun daraus? Daß unser rationales Denken diese dauernden Begründungen verlangt. Doch genau aus diesem rationalen Teil unseres Geistes entspringt auch unsere Vorstellung von einem Ich, die uns dazu bringt, alle möglichen Vorteile für dieses Ich haben zu wollen. Wenn wir hingegen die andere Seite unseres Selbst leben lassen, heißt das, daß wir beginnen, den nicht-rationalen Anteilen unserer Persönlichkeit zu vertrauen, die sich nicht zum Sklaven von vorgefaßtem Wissen und dessen Regeln machen. Wir sprengen also unsere Grenzen. Wir gehen über sie hinaus. Können wir uns erlauben, einfach dazusitzen, ohne zu wissen, warum wir das tun? Aber so und nicht anders durchbrechen wir die Barrieren des Geistes.

Frage: Bedeutet das nicht, daß wir nicht länger achtsam sind?

Antwort: Nein, das heißt nicht, daß wir nicht achtsam sind. Sie können sehr klar wahrnehmen, daß Sie jetzt etwas tun, ohne den Grund dafür zu kennen.

Frage: Aber wenn Sie keinen Grund haben, warum sollten Sie damit fortfahren?

Antwort: Ich weiß es nicht. Es muß nicht immer Gründe geben. Es ist so, als wären wir wieder Kinder und würden uns ganz einfach mit unserem inneren Wissen begnügen.

Frage: Wie beim Spielen?

Antwort: Ja. Aus diesem Grund ist Spielen auch so ungeheuer wichtig. So begreifen wir endlich, wie tierisch ernst wir das Leben nehmen. Wie langweilig wir geworden sind, weil wir alles so ernst nehmen und uns immer schon im voraus absichern. Weil wir uns gegen alles und jedes versichern, bis wir in unserem Sicherheitssumpf ersticken. Wir sollten spielen. Spiel verunsichert kontrollierte Menschen. Sie wollen Erwachsene nicht spielen sehen. Erst recht nicht, wenn die Spiele ein wenig albern sind.

Frage: Gibt es einen Unterschied zwischen den Ausdrücken Achtsamkeit, Gewahrsein und Erwacht-Sein?

Antwort: Ja. *Achtsamkeit* bedeutet, daß wir systematisch üben, im Moment des Geschehens zu wissen, was geschieht. Wenn ich also hier stehe und mit meinem rechten Arm winke, dann bin ich – wenn ich achtsam bin – mit den Gedanken ganz bei diesem Tun. Wenn ich nicht achtsam bin, geht das Geschehen gleichsam an mir vorbei und nur Sie merken, was ich tue, weil Sie mich sehen. Achtsamkeit ist dieses genaue Achten auf den Augenblick, im vollen Bewußtsein dessen, was sich in Körper, Geist und Umgebung gerade abspielt.

Gewahrsein oder *Bewußtheit* hingegen ist mehr eine Art Wissen, das sich aus Achtsamkeit entwickelt. Dabei wird Ihr Spektrum einfach weiter. Ohne daß Sie Ihre Aufmerksamkeit darauf richten, nehmen Sie panoramaartig viele Dinge um sich herum wahr. Wenn Sie achtsam werden, werden Sie sich der Abläufe im Inneren genau so bewußt wie der in der Außenwelt. Gewahrsein entwickelt sich aus der Achtsamkeit.

Erwacht-Sein ist ein Begriff, der für verschiedene Dinge gebraucht wird. Im Buddhismus bedeutet Erwacht-Sein, daß man eine Geistesqualität erreicht hat, in der der Geist sich nicht mehr ablenken läßt und das Nicht-Wissen-Wollen abgestreift hat. Der Geist verharrt spontan und wach im gegenwärtigen Augenblick und nimmt alles, was vorgeht, auf. Es handelt sich dabei um eine Steigerung des Gewahrseins. Man verwendet diesen Begriff auch für eine Person, die zur wahren Natur ihres Geistes erwacht ist. Dann bedeutet Erwacht-Sein noch viel mehr, nämlich den Eintritt in den Bereich der Erleuchtung. Buddha wird häufig als der Erwachte bezeichnet, er hatte sämtliche Illusionen durchschaut und war zu einem Leben in Freiheit erwacht. Analog dazu wird der nichterleuchtete Zustand häufig als Schlaf bezeichnet, da unsere

Buddhanatur, unser erleuchtetes Bewußtsein, in diesem Zustand vom Schlaf der Unwissenheit, des Hasses und der Gier verschleiert wird. Wenn Sie erwachen und erkennen, daß all dies auf die grundlegende Illusion von einem Ich zurückgeht, haben Sie den Schleier der Illusion zerrissen und sind frei. Sie sind aus der Ich-Illusion und allem, was damit verbunden ist, erwacht.

Diese drei Begriffe sind sehr nützlich, da sie die verschiedenen Entwicklungsstadien beschreiben, die wir auf unserem geistigen Weg erfahren. Denn Meditation ist ein Stufenweg und keine mystische oder magische Erfahrung. Wie jeder Wachstumsprozeß hat sie ihre eigene Ordnung. Eine stufenweise Ordnung. In der Kagyu-Tradition* des tibetischen Buddhismus spricht man häufig vom Stufenweg zur Erleuchtung, da wir auf diesem Weg immer feststellen können, wo wir gerade stehen. Wir beginnen dort, wo wir stehen, und lernen, wie wir uns vorwärts bewegen können. Das klingt ziemlich simpel, aber es gibt auch andere Traditionen, die andere Wege gehen. Sie zeigen uns nicht, an welchem Punkt der Leiter wir uns befinden und wie wir damit am besten zurechtkommen. Statt dessen präsentieren sie uns ein Panorama vielfältigster transzendentaler Erfahrungen und erwecken in uns die Vorstellung, daß wir mit einem Sprung eine sehr hohe Entwicklungsstufe erreichen könnten. Für Meditierende ohne Erfahrung ist das meist katastrophal, da sie dann versuchen, das Unmögliche zu erreichen. Schließlich verlieren sie das Vertrauen und jegliche Motivation. Es ist also sehr wich-

* Die Kagyu-Tradition gehört zu den vier wichtigsten Schulen innerhalb des tibetischen Buddhismus. Das geistige Oberhaupt dieser Tradition ist der Karmapa.

tig, daß wir verstehen, daß Meditation ein Stufenweg ist und daß wir auf jeden Fall irgendwo auf der Leiter stehen. Wir müssen nur herausfinden, wo genau wir uns befinden. Vielleicht bedeutet das, daß unser Geist sehr verwirrt ist und daß wir weder über Achtsamkeit noch Gewahrsein verfügen. Möglicherweise hängen wir außerordentlich an unserem Ich und sind darüber hinaus noch voller Negativität. Gut. Irgendwo müssen wir ja anfangen, also tun wir es hier. Denn zumindest sind wir jetzt in der Lage, uns vorwärts zu bewegen und einen praktischen und realistischen Weg einzuschlagen.

Feste Vorstellungen und Erwartungen

Wir beginnen also mit der Achtsamkeit. Achtsamkeit bedeutet, während des Geschehens zu wissen, was geschieht. Wenn wir meditieren, sollten wir uns diese kleine Definition immer wieder ins Gedächtnis rufen: »Während des Geschehens wissen, was geschieht.« Wir fügen noch hinzu: »Was immer es auch sein mag.« Denn wir werden unsere Meditation mit Erwartungen beginnen. Wir hegen vermutlich ganz im geheimen die Vorstellung, daß der Geist nach Beginn der Meditation irgendwie friedvoll werden sollte oder zumindest etwas in dieser Richtung. Wenn also bei der Meditation ein unangenehmes Gefühl auftaucht, dann sagt unser Geist: »Jetzt habe ich etwas falsch gemacht, ich habe meine Achtsamkeit verloren.« Wenn wir uns aber an die Definition erinnern, stellen wir fest, daß wir immer noch achtsam sind, weil wir uns ja des Aufkommens des störenden Gefühls bewußt sind. Wir meditieren also immer noch. Es ist völlig gleichgültig, welcher Geisteszustand sich während der Meditation zeigt, ob es nun Frieden, Ruhe oder Glück ist. Es könnte auch Schmerz sein. Oder Angst. Es ist nicht wichtig, ob Ärger aufsteigt. Was immer auch kommt, ist in Ordnung, wenn wir uns dessen nur bewußt sind.

Manchmal, wenn wir viel meditieren, fühlt unser Geist sich so pulverisiert an, daß wir überhaupt nicht mehr wissen, was vorgeht. Wir wissen nicht, ob wir meditieren oder nicht bzw. ob wir wach sind oder schlafen. Normalerweise passiert das nach dem Mittagessen. Dann sitzen wir da und denken: »Was geht jetzt eigentlich vor? Meditiere ich jetzt oder nicht?« Wenn das geschieht, dann fragen Sie sich bitte: »Weiß ich, was geschieht, während es geschieht?« Dann lautet die Antwort: »Ja, ich weiß, was passiert. Mein Gehirn dankt gerade ab. Mein Geist hat den Fokus verloren. Ich kann ihn nicht wiederfinden ... Ich schaffe es kaum, nicht einzuschlafen ... Ich weiß nicht mehr, ob mein Meditationsobjekt jetzt der Atem oder die Geräusche waren. Aber immerhin weiß ich, was los ist, also bin ich immer noch achtsam.« Es ist also ziemlich einfach. Ich weiß während des Geschehens, was geschieht, was immer es auch ist.

Dies befreit uns von allen Vorstellungen, daß Meditation bestimmte Erfahrungen oder Geisteszustände hervorbringen sollte. Wir können loslassen, ganz gleich, was abläuft. Wir können uns entspannen, unabhängig davon, was in unserem Geist auftaucht, weil wir wissen, daß wir immer noch achtsam sind. Es wird nämlich auch Zeiten geben, in denen unser Geist sehr stark abgelenkt wird, ohne daß wir auch nur das Geringste dagegen unternehmen können. Gut, beobachten wir eben die Ablenkung. In dieser Situation sind wir dann eben nicht mehr gänzlich, sondern nur noch teilweise achtsam. So als würden wir uns auf einer Skala zwischen vollkommener Achtsamkeit und absoluter Ablenkung bewegen. Normalerweise sind wir irgendwo dazwischen.

Wenn wir uns in Achtsamkeit üben, können wir unsere eigene Ablenkung beobachten. Wenn wir auf diese Weise an die Meditation herangehen, lernen wir, daß Achtsamkeit ein höchst veränderlicher, wandelbarer Zustand ist, der nichts mit unseren verschiedenen Geisteszuständen, Stimmungen oder Denkmuster zu tun hat. Achtsamkeit ist etwas ganz Eigenes, nämlich die Fähigkeit oder Kraft der Beobachtung und des Wissens.

Es gibt einen lateinischen Begriff, der dies ganz gut beschreibt. Achtsamkeit ist *sui generis*, sie ist ihr eigener Ursprung. Sie entsteht von selbst aus ihrer eigenen Quelle heraus und ist von keinem anderen Faktor im Geist abhängig. Achtsamkeit hat nichts damit zu tun, wie wir uns fühlen oder was wir denken. Sie hat ihre eigene Stärke. Und genau diese hegen wir. Wenn wir uns in Achtsamkeit üben, erfährt unser Geist eine völlig neue Qualität. Achtsamkeit bringt gleichsam einen neuen Geist hervor. Dieser Geist löscht keineswegs alles aus, was vorher war, um etwas ganz Neues, Strahlendes zu produzieren. Er verändert sich so langsam wie die Morgendämmerung. Durch die Morgendämmerung wird die Nacht zum Tag. Durch Achtsamkeit werden Unwissenheit, Anhaftung und andere Geistesgifte zur Erleuchtung.

Deshalb lesen wir in einigen Büchern Sätze wie: »Es tut es einfach.« Die Energie und Qualität einer Haltung der Achtsamkeit tut einfach, was getan werden muß. Das Bewußtsein muß unsere geistigen Einstellungen nicht umprogrammieren. Nichts Neues widerfährt unserem Geist, es muß nichts verändert werden. Alles geschieht einfach nur durch Achtsamkeit. Aus diesem Grund sagt man uns auch immer wieder, daß wir loslassen sollen, daß wir es zulassen bzw. geschehen lassen sollen. Am Anfang verstehen wir meist nicht, was damit gemeint ist. Wir denken, daß unser bewußter Geist dies vollbringen muß. Wir haben so ein überentwickeltes Verantwortungsgefühl. »Ich muß es tun. Ich muß dafür sorgen, daß es geschieht.« Doch alles, was unser Geist zu tun hat, ist, uns in den Meditationsraum zu bringen, uns auf das Kissen zu setzen und sich dann auf dem Meditationsobjekt auszuruhen. Bis hierhin und nicht weiter reicht die Verantwortung unseres bewußten Geistes. Dann geschieht es einfach. Und trotzdem schaffen es nur sehr wenige, denn derselbe Geist kennt eine Menge Tricks, die uns daran hindern, den Meditationsraum zu betreten. Das ist eigentlich das größte Problem: daß wir den Meditationsraum betreten, wo immer er auch sein mag.

Die vier Grundlagen der Achtsamkeit

Um unsere Achtsamkeit zu steigern, können wir Zuflucht zu vier Punkten nehmen, die uns dabei helfen. Außer dem äußeren Meditationsobjekt können wir nämlich vier weitere »Stützen« bemühen: Körper, Empfindungen, den Geist und seine Befindlichkeit sowie mentale Vorstellungen.

1. Achtsamkeit im Hinblick auf unseren Körper

Auch der Körper kann bei der Übung in Achtsamkeit zu einem wertvollen Helfer werden. Überprüfen Sie Ihr Körpergefühl am Beginn der Sitzung und einige Male zwischendurch. Was geschieht in Ihrem Körper? Spüren Sie es? Der Körper ist mit dem Boden verbunden. Wir spüren sein Gewicht, die Stellen, an denen er aufliegt, und unsere Reaktion darauf. Wir können viel über den Körper in Erfahrung bringen, da er unser Denken und Empfinden ja ständig beeinflußt. Unsere Meditation ist untrennbar mit dem Körper verbunden. Wenn es ihm gutgeht und er in entspannter Position sitzt, ist unser Geist viel gelöster. Aus diesem Grund ist es so wichtig, bequem zu sitzen. Wenn unser Körper sich nicht wohlfühlt, ist unser Geist angespannt. Dann denken wir, daß wir nicht meditieren können. Unser Körper ist also die erste Grundlage der Achtsamkeit.

2. Achtsamkeit im Hinblick auf unsere Empfindungen

Dieser Punkt läßt sich nur schwer vom dritten Punkt, der Achtsamkeit des Geistes und seiner Befindlichkeit, trennen. Zuerst nehmen wir die Empfindungen wahr, die in kleinen Wellen durch unseren Körper laufen. Nervosität, Wellen von Erregung entlang der Nervenbahnen, ein Flattern im Magen, ein Prickeln im Herzen, was auch immer. Wir haben also körperliche Empfindungen, die nicht immer physische Ursachen haben, sondern auf den Einfluß von Emotionen zurückgehen. Sehen Sie sich diese Empfindungen an.

Dann fragen Sie sich, was Sie in emotionaler Hinsicht wahrnehmen. Haben Sie bestimmte Gefühle? Gibt es emotionale Reaktionen oder ein Grundgefühl? Erstaunlicherweise haben viele Menschen den Kontakt mit ihrer Gefühlswelt verloren und wissen nicht, was sie fühlen. Sie nehmen nicht wahr, welche Emotionen in ihnen vorhanden sind, weil sie deren Existenz vielleicht gerne leugnen würden. Das kann im Geist ein ordentliches Chaos verursachen. Wenn Sie Ihre Emotionen verleugnen, hat Ihr Geist gar keine Chance, ruhig zu werden. Er kann sich nicht setzen, denn die Energie, die Sie in die Verdrängung Ihrer Gefühle stecken, verursacht einen dauernden »unterirdischen« Aufruhr im Geist. So als würde eine Revolution mit Gewalt unterdrückt. Hinter verschlossenen Türen geht sie dann nämlich weiter. Es gibt immer irgend etwas, von dem wir denken, daß es auf Widerspruch stößt, wenn wir es nicht verbergen. Solche Gedanken verursachen nur Spannungen. Wir sollten also wissen, was wir fühlen, und unsere Gefühle akzeptieren lernen. Werden Sie sich klar darüber, daß Gefühle einfach »passieren«.

3. Achtsamkeit im Hinblick auf den Geist und seine Gestimmtheit

Dies bedeutet, daß wir uns fragen, welche Gedankenmuster und welche Stimmung in uns vorherrschen. Sie können beispielsweise in einem Zustand geistiger Klarheit sein oder sich eher dumpf fühlen. Sie können Geisteszustände erleben, die eng mit Gefühlen verknüpft sind, wie z. B. Angst. Das ist eine Mischung aus einem geistigen und einem emotionalen Zustand. Dasselbe gilt für Depressionen. Oder Krankheiten oder Unwohlsein. Es gibt eine Menge unterschiedlicher Zustände, die dem Geschehen in unserem Geist gleichsam als Hintergrund dienen. Sie entscheiden über unsere Stimmung.

Was ist eine Stimmung? Was ist mein grundlegender Geisteszustand? Eigenartigerweise wechseln diese Stimmungen nach Belieben. Manchmal hängt dies von äußeren Ereignissen ab, manchmal auch von den chemischen Vorgängen in unserem Körper. Ein anderes Mal wieder richtet unsere Stimmung sich nach unserer letzten Mahlzeit oder nach bestimmten Strömungen im Unterbewußtsein. Stimmungen wechseln. Wir nehmen sie also nur zur Kenntnis und beobachten sie bei ihrem Kommen und Gehen.

Während der Meditation überprüfen wir nur hin und wieder diese Zustände. So erkennen wir, daß zur Achtsamkeit auch das Wissen gehört, in welcher Stimmung man ist und von welchen äußeren Faktoren diese beeinflußt wird.

4. Achtsamkeit im Hinblick auf unsere mentalen Inhalte

Der vierte Punkt hat mit unseren Vorstellungen von der Welt und unserer Lebensphilosophie zu tun. Ich möchte Ihnen dies anhand eines buddhistischen Beispiels veranschaulichen: Nehmen wir einmal an, Sie studieren bestimmte buddhistische Texte, in denen es um das Thema »Vergänglichkeit« geht. Wenn wir uns mit diesen Texten beschäftigen, üben sie unweigerlich einen gewissen Einfluß auf unseren Geist aus. Dieser Einfluß macht sich hin und wieder bemerkbar. Vielleicht müssen wir etwas tun, was wir als problematisch empfinden, und plötzlich blitzt eine Erkenntnis in unserem Gehirn auf: »Nun ja, so tragisch ist das ja nicht. Ich muß mich nicht so sehr darüber aufregen.« Wir haben also viel mehr Freiheit gewonnen, mit den Dingen umzugehen. Deshalb setzt man sich als Buddhist immer wieder mit Themen wie Vergänglichkeit, kostbare menschliche Geburt oder Karma auseinander. Sie helfen mit, den Geist von seiner Neigung zum Anhaften an bestimmte Vorstellungen zu befreien. Eine solche blitzartige Erkenntnis hat immer etwas Befreiendes. In solchen Momenten werden wir uns geistiger Inhalte bewußt.

Andererseits können geistige Inhalte auch zur Anhaftung führen. Dies ist dann der Fall, wenn unser Geist an negativen Glaubensmustern, Ideen und Projektionen hängt, die uns selbst nicht bewußt sind. Wenn solche Muster auftauchen und wir nehmen sie an oder leben sie in der einen oder anderen Weise aus, das heißt, wenn wir ihnen Energie zuführen, dann wird unsere geistige Sklaverei noch verstärkt.

Wir sollten also die vier Grundlagen der Achtsamkeit üben, indem wir uns in der Meditation immer wieder darauf beziehen, ohne daraus eine große Sache zu machen. Seien Sie sich dieser unterschiedlichen Aspekte von Achtsamkeit nur einfach bewußt. Überprüfen Sie sie, während Sie meditieren. Das kann so aussehen: »Ich bin heute ziemlich durcheinander, was ist los?« Dann bemerken Sie: »Oh, ich habe Verdauungsprobleme. Mein körperlicher Zustand beeinflußt meinen Geist und daher fühle ich mich so.« Sie bemerken also, daß der Zustand des Körpers die ganze Situation enorm beeinflußt. Vielleicht überkommt Sie dann ein starkes Gefühl von Klarheit, und Sie fragen sich: »Woher kommt das?« Und Sie erkennen möglicherweise, daß Ihre geistigen Inhalte dafür verantwortlich sind. Dieses Gefühl von Klarheit und Freiheit konnte aufkommen, weil Ihnen plötzlich etwas über die Natur der Vergänglichkeit deutlich wurde. Wie Sie sehen, entsteht dabei kein großes Tamtam. Sie lassen die Dinge einfach laufen und Ihr Geist klärt sich, gerade weil Sie sich nicht explizit darum kümmern. Wenn Sie mit den vier Grundlagen der Achtsamkeit arbeiten, kommt es zur stetigen Wahrnehmung von Veränderungen.

Wir haben also die Methode ein wenig erweitert: Wir üben uns nicht mehr nur darin, unseren Geist zum Meditationsobjekt zurückzuführen, wenn er abschweift. Wir üben uns auch darin, die vier Grundlagen der Achtsamkeit zu erwerben.

III. Verborgene Riffe

Denkmuster sind
Widerstände.

In den vorangehenden Kapiteln ging es um so grundlegende Dinge wie die Frage, warum wir meditieren, was Meditation eigentlich ist und mit welcher Motivation wir uns auf unser Kissen setzen. Im ersten Kapitel stellte ich verschiedene Meditationsmethoden und ihre möglichen Wirkungen vor. Der Akzent lag dabei vor allem auf unserer Haltung der Meditation gegenüber, da es wichtig ist, daß wir uns selbst und das, was um uns herum ist, einfach annehmen. Meditation ist keine Technik. Wenn wir sie als solche wahrnehmen, dann beginnen wir, Resultate und Erfolge zu erwarten oder wir haben Angst vor dem Scheitern.

Außerdem tauchte in diesem Zusammenhang noch ein anderes Problem auf: Das Wort »Technik« erweckt die Vorstellung, daß wir unseren Geist irgendwie manipulieren müßten. Dabei geht es in der Meditation gerade darum, den Geist und sein ewiges Anhaften loszulassen, damit seine erleuchteten Qualitäten zum Vorschein kommen. Durch Anwendung einer Technik gelingt uns dies sicher nicht. Mit einer Technik werden nämlich nur die vorhandenen Denkschemata neu gruppiert. Daher ist das Schwierige an der Meditation auch nicht, die Methode zu begreifen. Komplex ist dabei eigentlich nur die Haltung. Denn diese Haltung muß einer völligen Offenheit entsprechen, einer Offenheit dem gegenüber, was wir selbst sind.

Das ist leicht gesagt, und tatsächlich hört man das heutzutage auch ziemlich häufig. Doch im wesentlichen geht es letztlich darum, die Komplexität unserer Denkmuster zu erkennen, sich bewußt zu werden, bis zu welchem Punkt wir die Inhalte unseres Innenlebens kontrollieren und mit Urteilen belegen. Zu entdecken, wie unsere Gedanken, Gefühle, Empfindungen, Stimmungen, ja alles, was in unserem Geist entsteht und vergeht, ständig unter Beobachtung stehen. Dieser innere Beobachter hat die Aufgabe herauszufinden, ob wir das, was da ist, wollen oder nicht wollen. Gefällt uns, was wir wahrnehmen, so bemühen wir uns, es festzuhalten. Wir versuchen, es zu behalten. Erleben wir z.B. Stimmungen oder Geisteszustände, die uns behagen, möchten wir, daß sie andauern. Wir möchten uns gerne immer so fühlen. Und unser Geist sagt sich: »Oh, genau so sollte es immer sein.« Also versuchen wir, diesen Zustand zu packen und festzuhalten, aber schon der pure Akt des Zugreifens bewirkt, daß er sich in Luft auflöst. So geht die freudvolle Klarheit des Geistes, die ihm eignet, wenn er sich nicht im Zustand des Packens und Festhaltens befindet, bereits durch das ich-gesteuerte Haben-Wollen verloren.

Umgekehrt bemühen wir uns, als unangenehm erlebte Geisteszustände abzustellen. Wir wollen sie loswerden. Wir wollen sie nicht spüren oder kennen. Hier kommen psychologische Mechanismen wie Projektion, Unterdrückung, Leugnen oder Repression ins Spiel. Damit versetzen wir uns selbst in einen Zustand kontinuierlicher Anspannung, Unruhe und Unzufriedenheit. Diese Geisteszustände sind von einer Haltung des Nicht-Annehmens geprägt, die den Geist nicht zur Ruhe kommen läßt, da er mit sich selbst ständig im Konflikt liegt. Wenn ein unangenehmer Gedanke oder ein entsprechendes Gefühl sich bemerkbar macht, versuchen wir, es loszuwerden. Wir haben also nicht nur mit dem negativen emotionalen Eindruck zu kämpfen, sondern auch noch mit dem Konflikt, ihn wieder abstellen zu wollen. Wenn wir uns während der Meditation dieser Tatsache nicht bewußt werden – und bei den meisten Menschen ist dies der Fall –, dann gleiten wir in einen halbbewußten Zustand ständiger innerer Kämpfe gegen unseren eigenen Geist. Und das hat mit Meditation wenig zu tun. In diesem Fall nämlich benutzen wir die Meditation dazu, das zu vermeiden, was uns nicht gefällt, und Gedanken oder Gefühle, die uns negativ erscheinen, aus unserem Geist zu verbannen.

Anfangs führt dies einfach nur zu einem Gefühl der Anspannung. Wir haben den Eindruck, etwas nicht zu können und darum kämpfen zu müssen. Mit der Zeit aber wird unser Geist davon richtiggehend starr und schließlich sogar paranoid. Unsere positiven Bestrebungen, die uns zur Meditation führten, gehen also nach hinten los. Wir meditieren nicht. Wir zerren nur weiter an den Zügeln unseres Geistes und halten ihn so weit wie möglich an der kurzen Leine.

Aus diesem Grund müssen wir uns von Anfang an mit unserer Haltung während des Meditierens auseinandersetzen. Am besten sagen wir zu uns selbst: »So ist es nun einmal. Ich muß mit dem arbeiten, was ich vorfinde. Sehen wir uns doch einmal an, was es überhaupt ist. Lassen wir es klar zu Tage treten, um es dann zu akzeptieren. Einfach voll und vorurteilslos akzeptieren, was ich bin.«

Wir hören so häufig, daß ein Kind zum Erwachsenwerden vor allem bedingungslose Liebe braucht. Wenn wir uns selbst gegenüber diese Haltung des Annehmens entwickeln, dann geben wir uns selbst eben diese bedingungslose Liebe. Wir lassen alle Vorbedingungen, denen zufolge wir uns nur akzeptieren, wenn ..., oder uns nicht akzeptieren, wenn ..., einfach los. Damit schaffen wir eine wirkliche Grundlage für Mitgefühl. Diese Haltung des Sich-selbst-Annehmens macht den Geist extrem anpassungsfähig und »elastisch«, da wir damit ganz entspannt und mit uns selbst zufrieden sind. Wir können alles annehmen, was an Gedanken oder Gefühlen in unserem Geist auftaucht, und damit arbeiten, ohne darauf reagieren oder uns davor fürchten zu müssen. Deshalb kümmern wir uns normalerweise zuerst um unsere Haltung.

Der nächste Punkt ist unsere Motivation. Das Hauptziel im Buddhismus ist nämlich, den eigenen Geist zu verändern, um anderen helfen zu können. Dies ist unsere wichtigste Motivation. Wenn wir mit unserem Geist umgehen können und entsprechende innere Qualitäten entwickeln, dann sind wir in der Lage, auch anderen Menschen zu helfen. Obwohl Meditation auf den ersten Blick eine sehr selbstsüchtige Angelegenheit zu sein scheint, da man sich dabei ja ausschließlich mit sich selbst beschäftigt, ist sie in Wahrheit eine der uneigennützigsten Aktivitäten überhaupt. Denn was in unserem Geist ist, wirkt sich direkt auf unsere Umwelt aus. Schließlich ist dies alles, was wir ausdrücken können. Wenn unser Geist voll unterdrückter Negativität ist, wird dies unvermeidlich auch auf unsere Umgebung abfärben. Da gibt es gar keine andere Möglichkeit. Lernen wir allerdings mit unserer Negativität umzugehen und sie umzuwandeln, dann werden wir unserer Umwelt ganz automatisch mit Liebe, Mitgefühl, Klarheit und Weisheit begegnen.

Als nächstes kommt die Grundlage jeder Meditation: die Methode der Achtsamkeit. Den Geist in den Augenblick bringen. Das Üben von Achtsamkeit wiederum führt zu innerer Ruhe. Der Geist beginnt sich zu setzen, während er mehr und mehr von den Ursachen seiner Unruhe geläutert wird. In Sanskrit nennt man diese Ruhe *samatha*. Diese innere Ruhe läßt uns erkennen, was innerhalb unseres Geistes eigentlich genau vorgeht, und diese alles durchdringende Einsicht nennt man in Sanskrit *vipassana*. In diesem Zustand aktiviert die aufgrund der inneren Ruhe entstehende Klarheit des Geistes die Fähigkeit, sich dessen, was in ihm geschieht, vollkommen gewahr zu sein. An diesem Punkt kommen wir allmählich zu einem wirklich grundlegenden Verständnis dessen, was und wer wir selbst sind.

Der Unterschied zwischen der Meditation und dem Prozeß des Lernens liegt darin, daß Meditation zu mehr Weisheit und Mitgefühl führt, weil wir durch direkte Erfahrung und Beobachtung mehr über uns und unseren Geist erfahren. Beim Lernen geht es mehr um die Aufnahme von Information. Dem Geist wird also etwas hinzugefügt. Deshalb hat der Lernprozeß auch nie so tiefe Auswirkungen wie Meditation, weil es sich dabei letztlich nur um das Sich-Aneignen neuer Konzepte handelt. Doch je mehr wir meditieren, um so klarer wird uns, daß Konzepte etwas ziemlich Oberflächliches sind. Sie entstammen dem rationalen, logischen, bewußten und intellektuellen Teil des Geistes. In der Meditation aber kommen wir früher oder später einmal an einen Punkt, an dem wir all dies fallen lassen müssen. Wir bewegen uns also von unserer Fixierung auf den rationalen, konzeptgebundenen Teil unseres Geistes weg und lernen, nach innen zu sehen, uns selbst und dem durch Einsicht und Selbst-Wahrnehmung entstehenden instinktiven Verständnis zunehmend zu vertrauen.

Erwartungen

Unsere Erwartungen sind ein Teil unserer Haltung der Meditation gegenüber. Normalerweise sind wir uns neunzig Prozent unserer Zeit unserer Erwartungen nicht bewußt. Sie gehören einfach zu der Art und Weise, wie wir sind, wie der Hintergrund zum Bild. Wenn wir z. B. ins Kino gehen, um einen Film anzusehen, der gute Kritiken hatte, dann gehen wir mit einem gewissen Prickeln dorthin. Wir sehen uns schließlich einen guten Film an. Wir sagen beim Betreten des Kinos nicht zu uns selbst: »Ich hege die Erwartung, daß dies ein guter Film ist, und ich freue mich darauf.« Unser Geist tut so etwas nicht, unbewußt hegt er diese Erwartung aber sehr wohl. Das Ergebnis ist, daß der Film schon sehr gut sein muß, damit wir nicht enttäuscht sind. Wenn es sich also nicht um einen Superfilm handelt, dann hört sich das so an: »Na ja, so toll war's ja auch wieder nicht.« Und das liegt einzig daran, daß unser Geist hier eine sehr hohe Erwartungsschwelle hatte. Er hat einen hohen Standard gesetzt, und wie immer herrscht hinterher Enttäuschung, wenn dieser Standard nicht erreicht wurde. Der Film ist vielleicht immer noch gut, aber er wurde unseren hohen Erwartungen einfach nicht gerecht. Unsere Erfahrung wird also letztlich von unseren Erwartungen geprägt.

Umgekehrt geschieht dasselbe, wenn jemand zu uns sagt: »Dieser Film ist ja völlig witzlos.« Vielleicht haben wir gerade nichts Besseres vor, also sehen wir uns den Film trotzdem an, und wenn er auch nur halbwegs erträglich ist, haben wir unsere Freude daran, weil wir mit der Erwartung ins Kino gegangen sind, daß wir nur Quatsch sehen werden. Wir sind also angenehm überrascht und genießen den Film. Auch hier wird unser Vergnügen am Film von der Art unserer Erwartungen bestimmt.

Doch es gibt noch eine dritte Möglichkeit, nämlich die, überhaupt keine Erwartungen zu hegen. In diesem Fall ist unser Geist offen. Wir nehmen die neue Erfahrung mit einer Frische, Aufgeschlossenheit und einem Grad an Verständnis auf, die einfach nicht da sind, wenn wir bestimmte Erwartungen mit ihr verknüpft haben. In dieser Erwartungslosigkeit hat, was immer auch geschieht, eine eigene Lebendigkeit. Dies weckt unser Interesse am Geschehen ganz von selbst, da die Erfahrung ja nicht vor einem Katalog von Kriterien bestehen muß. Wir nehmen sie, wie sie ist, und versuchen nicht, sie zu verändern.

Bei der Meditation ist diese Haltung wesentlich. Vielleicht meditieren wir ja, weil wir erwarten, daß die Meditation all unsere Probleme löst. Daß sich all unser emotionaler Ballast in Luft auflöst, wenn wir zehn Minuten sitzen. Daß wir unendliche Freude und Glückseligkeit erfahren, wenn wir die Sitzung auf zwanzig Minuten ausdehnen. Einige Menschen betreten den Meditationsraum tatsächlich mit solchen Vorstellungen. Sie sind so in ihren Denkmustern gefangen, daß sie sich mit einem albernen Lächeln auf ihr Kissen setzen und denken: »Wenn ich so tue, als sei ich überglücklich – vielleicht geht es mir dann irgendwann tatsächlich so. Alle anderen sehen ohnehin so aus. Wenn ich so tue, als empfände ich dasselbe, kriege ich es vielleicht auch auf die Reihe.« Dies ist eines der schlimmsten Dinge, die man sich antun kann, weil es einfach nicht der Wahrheit entspricht. Wenn man so tut, als ob, dann hat dies keinerlei Einfluß auf den tatsächlichen Zustand des Geistes. Der bleibt einfach unverändert, so wie er seit eh und je ist. Wenn wir also in dieser Haltung zu meditieren beginnen, tun wir nichts anderes, als mit dem Kopf gegen die Wand zu rennen. Und das ist recht schmerzhaft.

Vielleicht haben wir aber auch die Vorstellung, daß wir erleuchtet werden, wenn wir einen halben Tag meditieren. Es gibt Leute, die das denken! Manche glauben auch, daß ein Wochenende genügt. Und wenn dies nicht geschieht, sind sie fürchterlich enttäuscht. Es ist schon seltsam, daß wir die Verbindung zwischen unseren Erwartungen und den Konsequenzen, die wir aus einer Situation ziehen, so selten bemerken. Wenn der von uns erwartete Effekt nicht eintritt, dann reagieren wir. Entweder wir lassen die Meditation ganz sein, weil sie ja offensichtlich nichts bringt. Oder wir entscheiden, daß sie nur für uns nichts bringt, weil mit uns einfach etwas nicht stimmt und sie daher gar nicht funktionieren kann. Es kommt sehr oft vor, daß Menschen denken, jeder im Meditationsraum erziele bessere Ergebnisse als sie selbst. Sie schielen aus den Augenwinkeln auf die anderen und denken: »Die anderen sind ja richtig cool. Die haben's einfach drauf. Sie tun, was von ihnen erwartet wird. Ich bin der einzige, der es nicht hinkriegt. Was ist nur los mit mir?« Das zerstört natürlich jedes Selbstvertrauen, und der Betreffende gibt ziemlich bald auf.

Wie wir sehen, sind unsere Erwartungen eines der grundlegendsten Meditationshindernisse. Wenn wir zu meditieren beginnen, stolpern wir überhaupt ziemlich häufig über den Begriff »Hindernis«. Dies läßt sich gut mit einer Autofahrt vergleichen. Wir dachten, wir würden auf einer schönen, breiten Autobahn dahinfahren. Statt dessen treffen wir schon nach einem halben Kilometer auf einen Erdrutsch und kommen nicht mehr weiter. Dies ist ein Hindernis. Bevor wir die Natur des Hindernisses nicht erkannt haben und nicht wissen, wie wir damit umgehen sollen, kommen wir nicht mehr vorwärts. Wir gelangen bis zu diesem Punkt und nicht weiter. Genau dasselbe geschieht, wenn wir Erwartungen hegen. Sehen wir nicht, wie sie aussehen und auf uns wirken, geht es an diesem Punkt nicht mehr weiter. Wir werden dagegen anrennen, ohne zu wissen, worum es sich handelt. Wir spüren nur, daß wir auf ein Hindernis gestoßen sind.

Dann werden wir uns unserer Erwartungen langsam bewußt und üben, sie besser zu erkennen. Das ist nicht einfach, da sie in einer Persönlichkeitsschicht verborgen liegen, die teils zu den unbewußten, teils zu den vorbewußten Anteilen unseres Selbst gehört. Es handelt sich dabei um eine Art Glaubenssystem, das wir mit in den Meditationsraum bringen. Wir sollten uns also über die Natur unserer Erwartungen durchaus Gedanken machen.

Feste Vorstellungen

Feste Vorstellungen und Erwartungen funktionieren ziemlich ähnlich. Unsere Erwartungen führen uns zu bestimmten Grundannahmen. So denken wir z. B., daß Meditation bestimmte Auswirkungen hat. Wir glauben, daß wir zu bestimmten Dingen fähig oder unfähig sind. Aber diese Annahmen blenden den Geist, so daß wir nicht mehr sehen, was wirklich da ist. Auf der Grundlage dieser Glaubenssätze interpretieren wir Daten von außen und somit unsere ganze Erfahrung falsch. Ein Beispiel: Sie betreten einen Raum, und jemand runzelt die Stirn. Sofort denken Sie: »Diese Person mag mich nicht.« Sie haben eine Meinung gefaßt. Allerdings wußten Sie nicht, daß in dem Augenblick, als Sie den Raum betraten, die entsprechende Person unter heftigen Magenschmerzen litt und deshalb die Stirn runzelte. Aber bis zu dem Zeitpunkt, wo irgend etwas Sie bewegt, Ihre Meinung zu ändern, »wissen« Sie, daß diese Person Sie nicht leiden kann. Solche Dinge geschehen in unserem Leben ständig. In bezug auf die Welt und die Menschen um uns herum funktioniert unser Geist nun einmal so.

Auch wenn wir zu meditieren beginnen, bilden wir uns eine Meinung darüber, was wir als Meditierende können sollten. Wir könnten z. B. annehmen, daß wir in der Lage sein sollten, »unseren Geist zu läutern«, denn schließlich haben wir solche und ähnliche Phrasen in einem Buch gelesen. Und wir denken, daß wir durch Meditation unsere negativen Gedanken und Gefühle loswerden, weil das ebenfalls in den entsprechenden Büchern steht. Wir glauben also, daß wir, indem wir uns auf das Kissen setzen, den Geist irgendwie in eine andere Dimension versetzen können. Wenn dies nicht der Fall ist, haben wir das Gefühl, etwas falsch gemacht zu haben. Sie würden mir vermutlich nicht glauben, wenn ich Ihnen erzähle, wie häufig ich eine Meditationssitzung schon mit den Worten begonnen habe: »Sie können beim Meditieren Ihren Geist nicht läutern oder Ihre Gedanken und Gefühle loswerden.« Nur um zehn Minuten nach der ersten Übung, wenn die Teilnehmer von ihren Erfahrungen berichten, zu hören: »Als ich anfing zu meditieren, konnte ich einfach meine Gedanken nicht loswerden. Sie kamen immer und immer wieder zu mir zurück.«

Wenn wir von unseren fixen Ideen gefesselt sind, hören und sehen wir nicht mehr. Jede Information prallt von uns ab, gleitet in den virtuellen Raum hinaus und kommt nie mehr zurück! Sie durchdringt den Wall unserer festen Annahmen einfach nicht. Wenn wir uns nicht mit unseren Ideen und Meinungen beschäftigen, bleiben wir blind und taub für alles, was geschieht.

Ziele

Ein anderes Problem ist unsere Orientierung auf Ziele hin. Dabei geht es um die Erwartung bzw. die Annahme, daß wir mit unserer Meditation etwas erreichen sollten. Diese Zielorientierung ist eines der verborgenen Riffe, auf denen das Schiff der Meditation so häufig aufläuft. Es handelt sich dabei um einen geistigen Faktor, der im Verborgenen wirkt – wir sehen ihn einfach nicht. Wir laufen auf, und schon werden die Eingeweide unseres Schiffs aufgerissen.

Zielgerichtetheit ist ein vielschichtiges Phänomen. Zunächst handelt es sich dabei um ein gedankliches Konstrukt. Ein Ziel ist etwas, das im intellektuellen Teil unseres Geistes festgelegt wird. Das ist nicht derselbe Teil, der meditiert. Wenn wir also auf solch ein Konzept hereinfallen, ist es schwer, darüber hinauszugelangen. Dabei wird die Meditation blockiert – wir sitzen und warten, daß wir unser Ziel erreichen. Aber wir kommen nirgendwohin. Diese Vorstellung kann uns jahrelang behindern.

Außerdem enthält das Konzept von einem Ziel auch ein erhebliches Streßpotential. Sobald wir uns ein Ziel setzen, wird unser fest etabliertes inneres Räderwerk der Leistungserbringung in Gang gesetzt. Unsere gesamte Psycho-Biographie ist auf einmal mit von der Partie. Alle Ziele, die wir je zu erreichen versucht haben, all unsere Anstrengungen und Bemühungen, die wir je unternommen haben, um etwas zu erlangen, alle Anspannung, aller Druck – alles ist plötzlich wieder da. Und mit ihnen die Angst vor dem Mißerfolg, die Demütigung und der Streß, die mit tatsächlichen Mißerfolgen verbunden waren. Oder die seltenen Momente des Erfolgs, gewürzt mit der Angst, daß wir sie vielleicht nie mehr wiederholen können. Diese und viele andere Akteure betreten plötzlich die Bühne unseres Geistes, nur weil wir uns ein Ziel gesetzt haben, und bleiben dort präsent. Der Geist schleppt uns also eine Menge an unerledigtem, selbstquälerischem Material an. Wir setzen uns auf unser Kissen und peinigen uns selbst. Wir denken: »Ich muß jetzt meditieren. Schließlich habe ich mir ein Ziel gesetzt.« Doch alles, was dabei herauskommt, ist reine Quälerei, sinnlose Anstrengungen und auf keinen Fall Meditation.

Haben wir aber erst begriffen, daß wir unsere Erwartungen und Annahmen auch ablegen können, dann kommt das Beste: Der Geist kann sich kein Ziel mehr setzen. Das ist eine bestürzende Erfahrung für unseren zielorientierten Freund. Jetzt fängt er nämlich hilflos an zu fragen: »Was soll ich erwarten?« »Worauf soll ich mein Augenmerk richten?« »Was soll ich zu erreichen suchen?« Und die wahrhaft niederschmetternde Antwort, die unser getriebener Geist auf sein banges Fragen erhält, lautet: »Nichts.«

»Wie kann ich mich hinsetzen und etwas ohne Ziel tun? Das ist nicht sehr intelligent und außerdem gar nicht möglich. Etwas Derartiges ist mir völlig unbekannt«, sagt sich der Geist. Für die Meditation allerdings ist es absolut notwendig, die Vorstellung von einem linearen Fortschritt von einem Punkt zu einem anderen fallenzulassen. Es gibt kein Ziel. Wir mögen denken, daß eine Reise ohne Ziel gar nicht möglich ist. Doch das Gegenteil ist der Fall: Denn unsere Reise führt einfach weg von unserem zielorientierten Geist. Wir brechen in eine andere Dimension unserer selbst auf. Das ist kein Märchen, obwohl der Mythos diese Situation natürlich besser ausdrücken kann als unsere Alltagssprache. Für den Meditierenden ist dies eine simple Realität.

Wir können uns in der Meditation nicht auf ein Ziel zu bewegen, da ein Ziel nur mittels Denken bestimmt werden kann. Wenn wir je das Gefühl haben, daß wir ein Ziel erreicht haben, können wir sicher sein, daß wir lediglich bestehende Denk- und Erfahrungsmuster neu ordnen. Meditation trägt uns über diese Schwelle hinaus. Sie führt uns in eine Welt jenseits aller vorgefaßten Konzepte. Wie soll das nun gehen?

Wir lassen einfach die Vorstellung, daß wir irgendwo ankommen müßten, fallen. Wir lösen uns überhaupt von jeglicher Vorstellung einer Person, die irgendwo hin muß. Am Anfang hört sich das vielleicht merkwürdig an. In der Praxis bedeutet das, daß wir einfach den Geist zum Moment seiner Aufmerksamkeit zurückbringen. Mehr ist da nicht zu tun, und wir tun es, ohne uns irgendwelche Gründe vorzustellen. Wir sagen uns nicht, daß wir dies jetzt tun, weil ... Wenn es überhaupt einen Grund dafür gibt, dann ist es der, aus den Trampelpfaden der Vernunft herauszutreten.

Wir tun es aus demselben Grund, aus dem ein Kind mit Sand spielt. Das Kind spielt, ohne einen Grund zu haben, ist trotzdem völlig absorbiert von seinem Spiel und genießt es. Würden wir es fragen, weshalb es spielt, wüßte es uns keine Antwort zu geben. Das Kind tut es einfach. Das ist Meditation. Sie bringt den Geist einfach in den gegenwärtigen Augenblick zurück. Sobald der Geist an ein vorgegebenes Ziel gebunden ist, ist die Meditation beendet und der Kampf ums Erreichen des Zieles beginnt.

Aber auch wenn wir verstanden haben, daß Zielorientiertheit in der Meditation nichts zu suchen hat, meditieren wir vermutlich immer noch mit gewissen Zielvorstellungen im Kopf. Ganz tief innen haben wir nach wie vor das Gefühl, da oder dort etwas erreichen zu müssen. Also versucht der Geist, etwas zu finden, das ihm den Eindruck vermittelt, etwas geschafft zu haben. Dann denken wir vielleicht: »Ich sollte meine Sitzhaltung verbessern.« Wir studieren also jeden Aspekt des Sitzens, versuchen eine möglichst perfekte Haltung einzunehmen und sind am Ende so angespannt, daß wir schon nach zehnminütiger Meditation am liebsten explodieren würden. Daran erkennen wir, daß wir wieder auf der Jagd nach Erfolg waren, danach, irgend etwas perfekt hinzukriegen, denn die meisten von uns haben schließlich irgendwann verinnerlicht, daß Mami und Papi uns nur lieben, wenn wir vollkommen sind, daß wir also in der Welt nur dann Akzeptanz finden, wenn wir super sind. Diese Botschaften melden sich höchstwahrscheinlich während der Meditation in unserem Geist.

»Ich kann nicht in vollkommener Haltung sitzen, weil mir Knie und Rücken weh tun. Was kann ich denn sonst tun, um mich zu vervollkommnen?« Dann versuchen wir, unsere Gedanken perfekt zu organisieren, das heißt die Art, in der sie kommen und gehen. Oder wir bemühen uns, mehr Achtsamkeit zu entwickeln und besser auf den Atem zu achten. Und wieder versucht der Geist nur, Kontrolle über einen dieser Aspekte zu erlangen, so daß unsere Meditation regelrecht entgleist.

Wir sollten üben, die entsprechenden Anzeichen zu erkennen, denn der Zielorientiertheit unseres Geistes ist nicht leicht beizukommen. Heimlich still und leise nistet sich immer mal wieder eine neue Zielsetzung in unsere Meditation ein, da Zielgerichtetheit ein Teil der unbewußten Konditionierung unseres Geistes ist. An folgenden Merkmalen läßt sie sich erkennen:

Wenn wir Anspannung verspüren, ist dies gewöhnlich ein Anzeichen dafür, daß wir etwas zu erreichen suchen. Jedes Ziel ist mit einem Gefühl von Anstrengung verbunden. Wenn wir Frustration empfinden, dann haben wir ein Ziel gehabt. Auch Streß und Wut, vor allem wütende Reaktionen auf Geräusche, sind Anzeichen dafür, daß noch Ziele vorhanden sind. Wenn Geräusche Zorn auslösen, dann liegt das an unserer Zielorientiertheit, denn der Geist sagt sich in diesem Augenblick: »Um optimal meditieren zu können, brauche ich einen ruhigen Ort. Jeder, der hereinkommt, muß richtig sitzen. Alle müssen sehr still sein. Kein Hund darf bellen. Auch draußen darf niemand Lärm machen.« Es gibt Menschen, die es schaffen, auf diese Weise den gesamten Haushalt zu tyrannisieren. »Wenn X meditiert, müssen wir alle leise durch das Haus schleichen und niemand darf Lärm machen.« Wir glauben nämlich alle, daß es in der Meditation darum geht, ein höchst empfindliches, zerbrechliches Etwas hervorzubringen, das so still und leise Gestalt annimmt wie ein Soufflé im Backofen. Schon der geringste Luftzug zerstört es. Nun, das ist alles ausgemachter Blödsinn. Das hat nichts mit Meditation zu tun. Auf diese Weise lernen wir bestenfalls, uns durchzusetzen, und entwickeln uns zu prachtvollen Egozentrikern.

Sobald Sie das Gefühl haben, etwas nicht zu schaffen, Sie sich entmutigt fühlen, so als würden Sie es nie zu etwas bringen, oder wenn gar unsere Lieblingsbefindlichkeit, das heißt unsere Schuldgefühle sich verstärken, dann sind das Anzeichen dafür, daß Sie mit einem Ziel meditiert haben. Sie haben sich in unser kleines Boot geschlichen und drohen nun, es zum Kentern zu bringen.

Ziele loslassen

Um Ziele loszulassen, müssen wir erst einmal ihr Vorhandensein erkennen. Zu diesem Zweck sagen wir uns am Beginn unserer Meditation: »Es ist nicht wichtig. Was immer kommen mag, ist in Ordnung.« Zuerst aber sollten wir einen Selbstversuch starten. Sehen Sie doch einmal, was geschieht, wenn Sie zu sich selbst sagen: »Oh, ich bin ein Versager. Sicher versage ich in der Meditation.« Versuchen Sie zu erkennen, wie Ihr Geist darauf reagiert. Alle Ihre Anstrengungen, all Ihre Bemühungen in den letzten zehn, fünfzehn, zwanzig Jahren waren vergebens. »Ich habe mich umsonst bemüht. Ich bin gescheitert.« Wenn Sie daraufhin irgendeine Reaktion zeigen, dann wissen Sie, daß Sie nun mit der Besessenheit von Zielen zu tun haben, mit dem verborgenen Riff.

Wenn jemand zu Ihnen sagt: »Sie sind ein Versager«, und Sie nehmen diese Information fröhlich auf, dann ist keine Zielvorstellung am Werk. Denn es ist vollkommen in Ordnung, ein Versager zu sein. Auf einem bestimmten Niveau muß das sogar so sein. Warum? Nun, worüber wir in diesem Kapitel bisher gesprochen haben, hat mit dem bewußten, rationalen Geist und seinem gewöhnlichen Seinszustand zu tun. In diesem Teil des Geistes findet die Meditation aber nicht statt. Meditation ist keine Qualität des rationalen, logischen Denkens, und sie ist kein intellektuelles Konzept. Eine der schwierigsten Lektionen, die wir lernen müssen, ist, daß der intellektuelle Teil unseres Geistes bei der Meditation nur eine einzige Aufgabe hat: Er muß uns in den Meditationsraum auf unser Kissen bringen und dann unsere Aufmerksamkeit auf unser Meditationsobjekt lenken. Und das war's! Wenn er diese Aufgabe erledigt hat, hat unser rationaler Geist nichts mehr zu tun.

Danach betritt eine andere Dimension unseres Geistes die Bühne. Meditation ist ein multidimensionales Phänomen. Wir werden meditiert. Und die einzige Art und Weise, wie wir uns »meditieren lassen« können, ist, unseren Geist aus dem

Weg zu räumen. Wenn wir als Eltern unsere Kinder zur Schule bringen, müssen wir schließlich auch verschwinden. Wenn die Eltern lange in der Schule bleiben oder gar das Kind ins Klassenzimmer bringen, stören sie nicht nur den Schulbetrieb, sondern bringen auch das Kind und seinen Lehrer in Verlegenheit.

Aber genau das ist es, was wir tun. Wir versuchen immer, unseren rationalen Geist in die Meditation mit hinein zu bringen. Das funktioniert nicht. Deshalb wirken sich Erwartungen, Annahmen und Ziele so tödlich auf unsere Meditation aus. Dies alles sind subversive Methoden, die unser Geist anwendet, um im Bilde bleiben zu können. Aber das Bild der Meditation hat mit diesem Teil des Geistes nichts zu tun. Es wird sich ganz von selbst enthüllen, wenn es an der Zeit ist, dann nämlich, wenn unsere Achtsamkeit stärker und stärker wird. Haben wir diese Tatsache erst einmal begriffen, verspüren wir meist eine enorme Erleichterung. Endlich können wir aufhören, das Unmögliche zu versuchen. Wir müssen nicht mehr darum kämpfen, etwas zu erreichen, und müssen uns vor einem möglichen Mißerfolg nicht länger fürchten. Zu guter Letzt können wir uns doch noch entspannen und das Ganze etwas lockerer angehen. Erfahrene Meditierende sind daher ziemlich entspannt. Nichts bringt sie aus der Ruhe, da sie die Dinge einfach geschehen lassen. Sie strahlen eine enorme Gelassenheit aus, in der für alles, was passiert, Raum ist. Und das liegt daran, daß ihr zielorientierter, enger, angespannter Geist gelernt hat, loszulassen. In diesem Zustand finden wir uns mit dem paradoxen, offensichtlichen Chaos ab, das der kreative Prozeß, in dem die Achtsamkeit sich selbst enthüllt, auslöst. Denn ein Hauch von Chaos liegt immer darin, wenn wir, die wir gewöhnt sind, alles straff zu organisieren, die Dinge einfach geschehen lassen. Schließlich halten wir unsere Organisiertheit für die Normalität.

Wenn wir zu meditieren beginnen und unsere ersten Schritte in diese neue Dimension tun, bekommt unser Terminkalender-Geist Schwierigkeiten. Unsere organisierte Welt hört auf zu funktionieren, da die Grundlagen, auf denen sie beruht, plötzlich wegbrechen. Wir haben die Empfindung, daß die Dinge nicht mehr so laufen, wie sie »sollten«, das heißt, wie wir sie haben wollen und erwarten. Statt dessen geschieht immer etwas anderes. Und genau das passiert, wenn wir wirklich meditieren.

Ziele und Erwartungen führen immer zu einer gewissen Hetze. Sobald wir uns einfach hinsetzen und uns entspannen, hören wir unsere innere Stimme: »Du solltest etwas tun.« Sie treibt uns also zu irgendeiner Aktivität an. Geben wir aber unsere Zielorientiertheit auf, dann empfinden wir bald eine enorme Erleichterung, weil wir bemerken, daß wir nicht unbedingt mehr etwas tun *müssen*. Uns befällt ein angenehmes Gefühl, das sich vielleicht am besten so ausdrücken läßt: »Ich tue, was ich kann, aber ich fühle mich dazu nicht mehr gedrängt.« All die Hetze, die Mühe, das frenetische Sich-Abstrampeln fällt von uns ab. Der Geist bewegt sich sanft und offen. Das ängstliche Getriebensein, das ihm normalerweise eignet, verschwindet einfach.

Frage: Ist es nicht ein Widerspruch, daß es einerseits sinnvoll ist, sein Leben nach bestimmten Erwartungen auszurichten, daß aber andererseits auf der psychologischen Ebene Erwartungen uns in der Meditation behindern?

Antwort: Nein, das ist eigentlich ziemlich einfach unter einen Hut zu bringen. Wenn Sie bemerken, daß Sie bestimmte Erwartungen hegen, und das ist ganz unvermeidlich, sobald Sie zu meditieren anfangen, dann nehmen Sie diese Tatsache zur Kenntnis und entspannen sich. Sie haben das Hindernis erkannt, so daß Sie nicht darauf auflaufen werden. Zu einem Problem werden Erwartungen nur, wenn man sich ihrer nicht bewußt ist und daher nicht darüber hinaus gelangen kann.

Es gibt also zwei verschiedene Haltungen dabei. Bei der ersten geschieht etwa folgendes: Ich komme zu einem Kurs oder öffne ein Buch mit bestimmten Erwartungen. Ich habe dafür Geld ausgegeben, den Klappentext oder die Kursankündigung gelesen, bin mir aber über meine Erwartungen nicht im klaren bzw. weiß nicht, wie stark sie sind. So werden meine Erwartungen zur einzigen Grundlage für meine Beurteilung der Situation. In dieser Situation ist der Geist ziemlich starr. Wenn dann die Dinge nicht so laufen, wie er sich das vorstellt, kommen Enttäuschung und Ärger auf.

Der zweite Fall hingegen sieht so aus: Der Meditierende sagt zu sich selbst: »Ich werde in diesen Kurs gehen. Ich habe ein bißchen darüber gelesen, erwarte also bestimmte Dinge, aber wenn meine Erwartungen nicht erfüllt werden, bin ich bereit, auf die Situation einzugehen.« Dann kommt er im Kurs an und sieht einen ziemlich verrückten Lehrer dort. Damit ist seine Vorstellung von einem netten, gut strukturierten Kurs hinüber, aber er sagt sich: »Nun ja, sehen wir mal, was ich von diesem Kerl lernen kann. Der Kurs ist zwar nicht so, wie ich ihn erwartet habe, aber ich möchte sehen, was passiert.« Er entspannt sich und bemerkt plötzlich, daß in jenem Kurs einfach nur auf einer anderen Ebene gelehrt wird. Der

Lehrer bringt ihn vorwärts, indem er seine Erwartungen verletzt. In dieser Situation kann er gar nicht anders – er muß sie wahrnehmen, ihre Auswirkungen erkennen und sie gehen lassen. Alles hängt also vom Niveau unserer Achtsamkeit ab und von der Intensität, mit der wir in unsere eigenen Erwartungen verwickelt sind.

Es gibt sogenannte »Crazy Wisdom«-Schulen (»Verrückte Weisheit«), in denen die Lehrer die eigenartigsten Dinge tun. Sie konfrontieren ihre Schüler auf diesem Weg mit deren Vorstellungen und Erwartungen. Sie lassen die Mauer unseres Denkens zerbröckeln. Wenn ein erleuchteter Lehrer etwas Verrücktes tut, dann gibt es kein Wenn und Aber mehr. Der Geist, der verzweifelt versucht, mit Rationalisierungen und allerlei Schach- und Winkelzügen sein Terrain zu verteidigen, gibt entweder auf oder ergreift die Flucht.

IV. Der Schmetterlings-Geist

Wir unterstützen ständig den Aufruhr unseres Geistes.

Warum ist unser Geist in ständiger Bewegung?

Zunächst sollten wir uns einmal fragen, warum es wichtig ist, den Geist zu beruhigen, und was mit »unruhiger Geist« überhaupt gemeint ist. Ich verstehe darunter den Geist, mit dem wir schon seit unserer Geburt leben. Der nicht auf seinem Kissen sitzen bleiben kann. Denn die meiste Zeit können wir ihn nicht einmal im Meditationsraum halten, geschweige denn irgendwo in der Nähe. Wir setzen uns hin, konzentrieren uns auf das Meditationsobjekt und nehmen uns vor, unsere Aufmerksamkeit auf diesem Objekt zu halten.

Dann geschieht etwas sehr Interessantes. Innerhalb weniger Sekunden, manchmal sogar innerhalb eines Sekundenbruchteils, wirft etwas in uns diesen Vorsatz einfach über den Haufen. Es dauert keine Sekunde, bis unsere Aufmerksamkeit sich vom Meditationsobjekt abwendet und wir unseren Gedanken nachhängen. Das ist doch eigentlich eine recht bemerkenswerte Sache, nicht wahr?

Hier sitzen wir, der Inbegriff der Selbstbestimmtheit und scheinbar in der Lage, unser Lebensschiff ganz allein durchs

Universum zu steuern, und können unseren Geist bestenfalls ein paar Sekunden lang auf ein Objekt gerichtet halten! Irgend etwas macht unseren Vorsatz zunichte und – hopplahopp – sind wir mit den Gedanken schon ganz woanders.

Was bringt uns nun eigentlich von unserem Vorsatz ab? Unsere Gewohnheit. Welche Gewohnheit? Nun, die Gewohnheit, unseren Geist wie einen Schmetterling von Blume zu Blume gaukeln zu lassen. Einen Geist zu haben, der ständige Bewegung und Aktivität der Ruhe vorzieht. Wenn wir beginnen zu meditieren, merken wir erst, wie unruhig und zerfahren unser Geist wirklich ist. Für Menschen, die zum ersten Mal diese Erfahrung machen, ist der Schock meist ganz heilsam.

Unser Geist zappt sich also irgendwo hin, weg von diesem Raum. Ein paar Sekunden nach Beginn der Meditation sind wir schon am Trafalgar Square, irgendwo in New York oder an einem zauberhaften Strand in der Karibik. Und bevor wir merken, was geschieht, vergeht schon ein bißchen Zeit. Erst dann können wir ihn in den Meditationsraum zurückbringen. Und kurz darauf ist er schon wieder weg! Also jagen wir ihm wieder nach und bringen ihn zurück.

Das meine ich mit geistigem Aufruhr: einen Geist, der sich aus eigenem Antrieb ständig irgendwohin bewegt. Wenn unsere Achtsamkeit schwach ausgeprägt ist, bemerken wir häufig nicht einmal, daß der Geist uns wieder entschlüpft ist. Wir sitzen da und denken: »Oh, jetzt meditiere ich … Was gibt es wohl heute zum Abendessen?« Eine Sekunde – und wir sind weg. Wenn wir also nicht lernen, unseren Geist zur Ruhe zu bringen, ist es unwahrscheinlich, daß wir auch nur eine Sekunde meditieren werden.

Wie wir unseren geistigen Aufruhr unterstützen

Interessanterweise erkennen die meisten Menschen nicht, daß sie selbst es sind, die diesen Aufruhr fördern. Dabei haben wir dazu auch noch verschiedene Mittel und Wege entwickelt.

Zunächst einmal brauchen wir fast ständig Unterhaltung. Wir hören Radio, sehen fern, lesen ein Buch, trinken Kaffee oder plaudern mit jemandem. Wenn wir all diese äußeren Formen der Ablenkung sein lassen, sind wir plötzlich mit den Phantasiereisen unseres Geistes allein. Und diese kommen nie zu einem Ende! Der Geist spielt seine Filme ab bis in alle Ewigkeit, da wir dies wünschen. Ein bestimmter Teil unserer Person möchte ununterbrochen diese Filme sehen. Es ist nämlich langweilig und auch ganz schön anstrengend, auf einem Kissen zu sitzen und einfach nur den Atem zu beobachten. Wir möchten einfach lieber etwas anderes tun.

Häufig wollen wir auch gar nicht entdecken, was hinter der Leinwand steckt. Schließlich haben wir uns unser Leben lang bemüht, dies vor uns selbst zu verstecken. Meist bemerken wir gar nicht, daß unser Vorsatz, achtsam und präsent zu sein, von einem anderen überlagert wird, der sich nicht so offen zeigt und ein weiteres der verborgenen Riffe unter der Wasseroberfläche ist. Dieser zweite Vorsatz wird dann aktiv, wenn der Geist etwas entdeckt, das ihn mehr interessiert als zu meditieren. Wenn wir also unsere Aufmerksamkeit auf Geräusche richten und z. B. ein lautes Geräusch hören (wie ein vorbeifliegendes Flugzeug), dann lockern wir im nächsten Moment unsere Aufmerksamkeit und beschäftigen uns mit diesem Geräusch, das uns da so stört. Dasselbe kann mit angenehmen Geräuschen geschehen, z. B. wenn wir einen Vogel zwitschern hören. Auch der Wind in den Bäumen kann noch ganz reizvoll sein, aber nach einer Weile gibt es keine äußeren Reize mehr, die uns ablenken könnten. Nun will unser Geist etwas anderes. Langsam schiebt sich etwas von den Rändern her ins Zentrum unserer Aufmerksamkeit und stellt sich als angenehmere Alternative vor. In diesem Moment erwacht dieser tieferliegende Vorsatz wieder und sagt ja. Und schon geht unser Geist mit der Alternative. Dies ist eine der vielen Möglichkeiten, mit denen wir selbst die dauernde Bewegung unseres Geistes unterstützen.

Wie wir durch unsere reaktiven Verhaltensmuster geistige Unruhe schaffen

Es gibt noch wesentlich rigidere Methoden, um den Aufruhr des eigenen Geistes zu unterstützen. In den ersten fünf oder zehn Minuten der Meditation sind wir meist recht eifrig und schaffen es tatsächlich, unseren Geist zum Meditationsobjekt zurückzubringen. Dann aber erwacht tief in uns plötzlich die Erinnerung an irgend etwas, das irgend jemand zu uns vor ein paar Wochen gesagt haben mag. Vielleicht hatten wir eine Auseinandersetzung, die nicht zu unseren Gunsten ausging. Das hat uns nicht besonders gefallen. Es ist also ein relativ starker emotionaler Störfaktor zurückgeblieben. Dieser taucht nun plötzlich aus den Tiefen unseres Geistes auf und sendet einen Schauer durch unseren ganzen Körper. Vielleicht so etwas wie eine starke Abneigung gegen dieses Ereignis, das unseren Stolz so empfindlich verletzte und das wir nicht aufgearbeitet haben.

Und nun geschieht etwas Eigenartiges. Wir hängen uns förmlich an diese Erinnerung und spielen sie im Geist wieder ab wie einen Film. Wir erleben sie von neuem mit all den damit verbundenen Gefühlen, und das nimmt unsere Aufmerksamkeit weit stärker gefangen als der im vorigen Abschnitt beschriebene eher schwache Zyklus von Ablenkungen.

Dieses Mal kommen wir wirklich in Schwierigkeiten, da der »Film« eine Menge emotionaler Reaktionen in uns weckt, und ehe wir uns versehen, haben wir wieder das übliche Durcheinander im Geist. Die Ruhe der Meditation geht uns verloren. Statt dessen geht es in unserem Geist drunter und drüber wie in einem Dampfkochtopf, der kurz vor der Explosion steht. Am liebsten würden wir jemanden verprügeln. Das ist ziemlich frustrierend, denn schließlich sitzen wir hier, um zu meditieren. Weit und breit ist niemand in Sicht, mit dem wir in Streit geraten könnten, und trotzdem sind wir so wütend, daß wir am liebsten zuschlagen würden. Was ist bloß geschehen? Nun, wir haben unseren Geist kontinuierlich in Unruhe versetzt.

Und wir fangen langsam an, diese Mechanismen zu erkennen. In der Meditation wirken sie noch relativ oberflächlich, aber im Alltag üben sie auf unser Leben einen beträchtlichen Einfluß aus. Wenn wir uns dieser Mechanismen während der Meditation gewahr werden, verlieren wir sie auch im Alltag nicht mehr aus den Augen. Erst jetzt bemerken wir, daß wir uns selbst ständig mit unseren Reaktionen auf unsere Gedankenwelt aus dem Gleichgewicht bringen.

Stellen Sie sich doch einmal vor, Sie fahren Auto und jemand beschleunigt urplötzlich, so daß er fast in Ihrem Heck landet. Zuerst bekommen Sie einen heftigen Schreck, dann werden Sie wütend. Und schon läuft in Ihrem Kopf eine Riesenszene ab: Eine Unverschämtheit, daß man heute so schnell fährt. Und Ampeln bedeuten denen ja wohl gar nichts mehr. Dann setzt sich plötzlich ein anderer Wagen, der die Spur wechselt, direkt vor Ihre Kühlerhaube. Und nun werden Sie erst richtig zornig! Der Raum vor Ihrem Wagen, dieses Stück Straße dort, gehört Ihnen. Das sollte doch wohl jeder wissen! Niemand hat das Recht, sich dort einfach einzufädeln. Oder wenigstens nicht ohne Ihre Erlaubnis. Und bevor Sie noch an Ihrer Arbeitsstelle angekommen sind, sind Sie – außer zu einem wütenden Knurren – eigentlich zu nichts mehr imstande.

Wenn wir die ganze Szene noch einmal genauer betrachten, wird uns klar, daß dieser Wutanfall selbstgemacht ist. Man suhlt sich gerne in diesem Übermaß an Reaktion. Dabei gibt es dazu durchaus lohnende Alternativen. So könnten Sie in dem Moment, in dem der andere Wagen beschleunigt, auch klar sehen, was nun wirklich geschieht. Sie könnten denken: »Nun ja, im Verkehr ist das so. Ich trete sogar selbst oft aufs Gas. Wenn ich es eilig habe, drücke ich auch auf die Tube und lasse die Ampeln links liegen.« Die meisten von uns haben das schon mal getan, oder? Der Fahrer des anderen Wagens ist also von uns selbst gar nicht so verschieden. Wir wollen letztlich nur das Terrain unseres Egos verteidigen und reagieren deshalb wütend.

Wenn uns das klar ist, können wir das Ganze sein lassen. Wenn jemand uns schneidet, dann bremsen wir und lassen ihn einfach fahren. Wenn sich jemand direkt vor uns in die Spur setzt, bremsen wir und lassen ihn zufahren. Ruhig, das ist doch wirklich keine große Sache. Der ganze Verkehrsstreß fällt von uns ab, und wir sind mit einem Mal in der Lage, uns den Bedürfnissen der anderen anzupassen.

Diese kurze Szene zeigt uns, daß wir unseren Geist ständig in Unruhe versetzen, indem wir auf unsere Gedanken reagieren und die Schuld hierfür auf andere projizieren. Der Verkehr ist ein sehr gutes Beispiel, weil hier diese Mechanismen so offensichtlich sind, aber tatsächlich geschieht dasselbe in sehr vielen Lebensbereichen. Wir machen das ständig, weil wir uns unserer Erwartungen, Annahmen und unserer Neigung zum Reagieren nicht bewußt sind. Wir sind an diese Verhaltensweisen schon so gewöhnt, daß wir sie gar nicht mehr bemerken.

Wir sagen uns Dinge wie: »Ach, könnte ich doch an einem ruhigen Ort Ferien machen. Dann würde es mir besser gehen. Ich wäre mit mir selbst im Reinen und so richtig glücklich.« Leider ist das nicht wahr, denn wir würden die Neigung, unseren Geist in Unruhe und Streß zu versetzen, einfach mitnehmen. Wenn wir aber erkennen, wie wir uns selbst ständig aus dem Gleichgewicht bringen, können wir uns davon befreien und Ruhe finden, wo immer wir auch sein mögen. Vielleicht nicht immer, aber ... Das Problem ist, daß wir jedesmal, wenn wir außer uns geraten, diese Gewohnheit verstärken. Das bedeutet, daß unser Geist auch lange nach dem entscheidenden Ereignis keine Ruhe findet. Darüber hinaus wird er auch dann (sozusagen selbsttätig) die Fasson verlieren, wenn uns das gerade gar nicht paßt, einfach, weil er so sehr daran gewöhnt ist. Und wir haben noch nicht einmal jemanden, dem wir die Schuld geben können, weil wir selbst es sind, die wir uns aus dem Gleichgewicht bringen.

Wie man den Geist zur Ruhe bringt

Bevor wir anfangen zu meditieren, sollte uns klar sein, daß wir die Neigung haben, die Ruhe zu verlieren, und daß dies nicht auf äußere Faktoren zurückzuführen ist, sondern auf Geschehnisse in unserem Inneren. Und für diese sind schließlich nur wir allein verantwortlich. Wir setzen uns also auf unser Kissen und beobachten, wie die erste Ablenkung auftaucht. Unser Geist macht sich in andere Regionen auf. Und jetzt kommt der entscheidende Moment. Was passiert jetzt im Normalfall? Wir schnappen uns unseren Geist und zwingen ihn gewaltsam zurück. So wie ein Vater im Supermarkt, der seine kleine Tochter beobachtet, wie sie ein Regal leerräumt. Der gestreßte, überlastete und müde Vater packt die Kleine am Kragen und zieht sie weg. Natürlich kommt es unmittelbar darauf zu Gekreisch und Gezeter, das in einem regelrechten Kampf endet.

Genau dasselbe passiert in unserem Geist, wenn wir ihn so behandeln. Wenn wir den Geist mit Gewalt von seinem Lieblingspfad abziehen, haben wir uns zu der primären Ablenkung noch ein hübsches Paket aus Streß, negativen Gefühlen, Anspannung und Ressentiments geschnürt. Innerer Widerstand gegen die Meditation macht sich bemerkbar. Wir versuchen es also besser nicht mit Gewalt, es funktioniert nicht. Versuchen Sie, nett zu sein. Kehren Sie sanft und ohne Vorwürfe zum Meditationsobjekt zurück. Dies ist das erste Prinzip der geistigen Ruhe: zu wissen, daß Sie nicht jeden Gedanken verjagen müssen. Wenn Sie merken, daß Sie abschweifen, kehren Sie der Versuchung gemächlich den Rücken und wenden die Aufmerksamkeit wieder dem Objekt zu.

Übung 4: Was tut mein Geist?

Die Übung in Achtsamkeit bedeutet, daß Sie Ihren Geist kontinuierlich zu Ihrem Meditationsobjekt zurückbringen – sei es nun der Atem, Geräusche, körperliche Empfindungen oder ein visuelles Objekt.

Diese Übung soll Ihnen klarmachen, daß der Geist sich gerne in allerlei Ablenkungen ergeht. Der Geist scheint das Meditationsobjekt zu verlassen, manchmal schon ein paar Sekunden nach Beginn der Meditation. Anfangs erkennt der Meditierende meist noch nicht, warum er das tut oder daß er immer dieselbe Richtung einschlägt. Der erste Schritt ist daher, sich klar zu machen, wo der Geist herumwandert.

Die Übung:

1. Meditieren Sie wie immer und benutzen Sie dabei den Atem oder Geräusche als Meditationsobjekt. Gönnen Sie sich eine Sitzung von mindestens 20 Minuten.
2. Während der letzten zehn Minuten der Sitzung beginnen Sie, auf sehr entspannte Weise zu beobachten, wohin Ihr Geist wandert, wenn er Ablenkung sucht. Machen Sie sich Notizen oder schreiben Sie Ihre Beobachtungen später auf.

Versuchen Sie nicht, den Geist zu bestrafen oder zu disziplinieren.

Wenn Sie dem Geist einen Riegel vorschieben, bevor er zu weit abschweifen kann, oder Sie ihn so konzentriert beobachten, daß er sich »festfrißt«, dann strengen Sie sich zu sehr an. Ihre Anstrengung aber verhindert den Fluß dessen, was normalerweise geschehen würde. Entspannen Sie sich, machen Sie eine kleine Pause und fangen Sie dann wieder von vorn an, aber diesmal auf lockere, entspannte Weise.

3. Wenn Sie die Sitzung beendet haben, gehen Sie Ihre Beobachtungen noch einmal durch. Gibt es ein Muster? Versuchen Sie, die Orte, an denen Ihr Geist sich am liebsten aufhält, begrifflich zu ordnen. Wie viele dieser »geistigen Orte« können Sie ausmachen? Welches sind die wichtigsten?

Zeit: Machen Sie diese Übung einmal täglich, aber nicht länger als zehn Minuten.

Wiederholen Sie diese Übung eine Woche lang oder machen Sie sie so lange, bis Sie sich im klaren sind, welche Ablenkungen Ihr Geist bevorzugt. Machen Sie sich keine Sorgen, wenn Sie nach zwei Wochen immer noch nichts gefunden haben.

Machen Sie mit der nächsten Übung weiter. Übung 4 wird sicherlich mit der Zeit Früchte tragen.

Wenn wir sehr stark abgelenkt sind, hat unser Geist meist keine Lust zurückzukommen. Der Punkt, an dem unsere Aufmerksamkeit gefesselt ist, fasziniert ihn einfach zu sehr. Er eilt dahin zurück, bevor wir ihn überhaupt erneut auf das Meditationsobjekt richten konnten.

In dieser Situation müssen wir lernen, wie wir uns mit diesem Geist anfreunden können. Wir setzen uns mit ihm quasi an den Verhandlungstisch und gehen gemeinsam den Terminkalender durch. Der eine Teil unseres Geistes möchte meditieren, er möchte lernen, achtsam und in der Gegenwart zu sein. Der andere hingegen möchte sich gern an anderen Orten vergnügen, wo er sich mit all seiner Emotionalität ins Getümmel der Gedanken, Pläne und Gefühle stürzen kann. Bald entdecken wir, daß dieser Teil des Geistes eine enorme Energie in seine Ablenkung investiert. Aus diesem Grund kehrt er immer wieder an diesen Punkt zurück. Wenn wir ihn also mit Gewalt zum Meditationsobjekt zurückreißen, dann entstehen innere Widerstände, weil die Energie am anderen Ende einfach zu stark ist. Also müssen wir verhandeln:

Wir fragen also: »Was geschieht da jetzt eigentlich? Warum möchtest du so gerne dort bleiben?«

»Ich möchte da bleiben, weil ich vor zwei Wochen Streit hatte und mich geschlagen geben mußte. Ich fühle mich verletzt, und um diese Wunde muß ich mich kümmern, da sie sonst nicht verheilt.«

»Okay. Da gibt es verschiedene Möglichkeiten. Vielleicht können wir das zehn Minuten lang tun, so daß du zufrieden bist.«

»Nein, zehn Minuten sind nicht genug. Für diese Wunde brauche ich den Rest meines Lebens.«

»Nun gut, und wenn wir das Wundenlecken ein wenig verschieben?«

»Verschieben?«

»Ja, bis nach der Meditationssitzung.«

»Keine Chance.«

»Gut, dann verschieben wir es eben um zwei Minuten.«

»Na ja, …«

Das hört sich vielleicht verrückt an, aber tatsächlich ist diese Art der Verhandlung recht nützlich, wenn wir einen starken Zwang im Geist verspüren. Mit diesem Teil des Geistes müssen wir verhandeln, auch wenn wir scheinbar nicht viel erreichen. Zwei Minuten klingen zwar nach wenig, sind in Wahrheit aber schon sehr viel, weil wir in diesen zwei Minuten den ganzen Ablenkungszyklus schwächen können, ohne Gewalt anzuwenden. Wir haben diesen Teil des Geistes dann weder unterdrückt noch zu etwas gezwungen. Ganz im Gegenteil: Wir haben einen Weg gefunden, unseren Geist geschickt von seiner Obsession zu befreien, und diesen Weg können wir wieder gehen.

Wir haben also etwas darüber gelernt, wie wir den Geist zur Ruhe bringen. Dieses »Sich-setzen-Lassen« (wie nach einem Sturm im Wasserglas) ist eigentlich eine ganz einfache Sache. Wir lassen ein altes Verhaltensmuster hinter uns, ohne größeren Aufruhr zu verursachen, und legen unsere Aufmerksamkeit ganz ruhig und selbstverständlich auf dem Meditationsobjekt ab. Auf diesem grundlegenden Niveau haben wir gelernt, daß wir alten Mustern nicht zwanghaft folgen müssen. Und während unser Geist sich allmählich setzt, schließen wir Freundschaft mit ihm.

Geistige Ruhe ist kein angenehmes Gefühlsspektakel

In einem Retreat (einem bestimmten Zeitraum, in dem man sich zur Meditation zurückzieht) braucht der Geist meist ein oder zwei Tage, bevor er beginnt, ruhiger zu werden. Dann wandert er zwar immer noch herum, aber er schießt nicht mehr von einem Gedanken zum nächsten wie ein Pingpong-Ball.

Haben wir mit unserem Geist Freundschaft geschlossen, so wird unsere Art, mit ihm zu arbeiten, realistischer. Wir können viele unserer falschen Vorstellungen über den Geist und seine Möglichkeiten loslassen. Damit wird unsere Art, kreativ mit ihm umzugehen, subtiler und vor allem effektiver. Und dies trägt wiederum dazu bei, daß er sich setzt.

Sobald der Geist ruhiger wird, beginnen wir erst richtig, ihn kennenzulernen. Zunächst erfahren wir wirkliche geistige Ruhe. Diese Geistesruhe kommt automatisch auf, wenn der Geist sich setzt und mit allem, was geschieht, zufrieden ist. Entstehen Gedanken, dann ist das okay. Ein ruhiger Geist kann es sich erlauben, das Hin und Her der Gedanken einfach geschehen zu lassen. Wir beobachten auch, daß wir die Neigung haben, darauf zu reagieren. Daß der Geist auf unsere Gedanken geradezu »fliegt«, um sie festzuhalten, wegzustoßen oder zu negieren. Geistesruhe heißt daher nicht, daß wir jetzt anfangen, uns blendend zu fühlen, und nur noch mit seligem Lächeln herumlaufen. Wenn der Geist ruhig ist, ist der Gedankenstrom immer noch da.

Geistesruhe bedeutet, daß wir beginnen, das aktuelle Geschehen zu akzeptieren und uns damit wohlzufühlen. Daß wir auch starke, unangenehme Emotionen hinnehmen können, ohne zu reagieren und unsere Gelassenheit zu verlieren. In diesem Zustand können wir schmerzhafte Empfindungen erfahren, ohne uns darüber aufzuregen. Das klingt paradox, ist aber wahr.

Und Geistesruhe hilft uns, diesen emotionalen Konflikt zu lösen. Unsere eigenen Emotionen zu bekämpfen ist nämlich ein äußerst problematischer Zustand, der nichtsdestotrotz häufig auftritt. Doch wenn wir mit unserem Geist Freundschaft schließen, vergehen auch unsere inneren Konflikte. Sobald unser Geist sich setzt, haben wir zu allen eventuell auftretenden Gefühlen ein realistisches und sehr direktes Verhältnis.

Frage: Ich habe die Erfahrung gemacht, daß ich, sobald ich schmerzhafte Gefühle als »meine« wahrnehme, beginne, wie in Trance darüber zu spekulieren, mir auszudenken, wie ich sie wegbekomme etc. Das Ganze nimmt dann einfach seinen eigenen Gang. Sobald ich also etwas benenne, verschlingt mich das, was ich benannt habe.

Antwort: Ihre Erfahrung läßt sich vielleicht so beschreiben. Sie meditieren, Klarheit breitet sich mehr und mehr aus, der Geist hat sich gesetzt in dem Sinne, daß Ihre Achtsamkeit nun stark genug ist, daß Sie wach bleiben und die normalen Aktivitäten Ihres Geistes beobachten können, ohne darin verwickelt zu werden. Dann kommt Schmerz auf, Sie lenken Ihre Aufmerksamkeit darauf und sagen sich, daß dies »Ihr« Schmerz ist. Damit aber haben Sie eine der vielen Möglichkeiten gewählt, mit denen wir unseren Geist in Unruhe versetzen. Und Ihr Geist hat zugegriffen. Genau dies ist der Mechanismus, der den Geist zum Einhaken bringt. Sobald ein Ich-Gefühl wach wird, entsteht Leiden. All unsere alten Reaktionsmuster werden aktiviert, und in Ihnen entsteht der Eindruck, unbedingt etwas tun zu müssen. Denn jetzt leiden Sie wirklich. Also lassen Sie sich auf die eine oder andere Weise ablenken, um vom Leiden wegzukommen.

Auf einer bestimmten Ebene weiß der Geist nämlich sehr genau, worum es jetzt geht. Und es ist unsere Aufgabe als Meditierende, als Beobachtende, dies offen anzunehmen. Und das Komische daran zu erkennen.

Frage: Wenn der Geist das Gleichgewicht verliert, hat das einfach nur den Sinn, daß die innere Ruhe verschwindet, oder bezweckt unser unruhiger Geist damit etwas?

Anwort: Der nicht-gesetzte Geist ist von Natur aus sehr reagibel. Er sucht nach Ablenkung. Dies ist der Teil unseres Geistes, der nach Unterhaltung sucht, der es liebt, den Finger in die offene Wunde zu legen etc. Das ist einfach Gewohnheit.

Frage: Ja, aber denkt er denn, daß er in irgendeiner Form Befriedigung erlangt, wenn er in diesem nicht-gesetzten Zustand verbleibt?

Antwort: Vielleicht tut er das auf einer bestimmten Ebene auch, aber Sie sollten sich diesen Vorgang nicht als rationalen Prozeß vorstellen. Die meisten dieser Mechanismen sind verstandesmäßig kaum zu erklären. Die meisten Verhaltensmuster sind irrational, da sie in längst vergessenen Ereignissen wurzeln.

Immer wenn diese Art von reaktiven Verhaltensmustern auftaucht, werden damit unbewußt alte, ungelöste Probleme aufgerührt. Aus diesem Grund ist dabei immer mehr im Spiel als die aktuelle Situation. Die plötzlich aufsteigende Wut im Straßenverkehr ist dafür ein gutes Beispiel. In Los Angeles steckte einmal ein Mann im Stau, als ein vollkommen Fremder hinter ihm hupte. Der Mann trat auf die Bremse, stieg aus und erschoß den anderen. Das ist ein Paradebeispiel für einen Geist, der in seinem Reaktionszwang gefangen ist. Die Reaktion überstieg ganz eindeutig das, was in diesem Moment noch angemessen gewesen wäre. Ganz offensichtlich traf hier ein Reiz auf eine ungeheure Menge ungelöster psychischer Probleme. Und genau das geschieht uns ununterbrochen. Wenn wir in die Falle unserer reaktiven Verhaltensmuster tappen, aktiviert der unmittelbare Reiz einen Wust ungelöster Probleme. Nur darum kann er den Geist derartig aufwühlen. Es ist etwa so, als würden Sie Hunderte von Abfallkörben zur gleichen Zeit leeren. Auf einmal ist das Chaos perfekt.

V. Sie gleiten einfach vorbei …

Gedanken haben in sich keine Macht.

Den Geist stabilisieren

Wir denken vielleicht, daß unser Geist gesund ist, weil unser Verstand einwandfrei funktioniert. In unserer Kultur gelten Menschen mit geistigen Problemen ja als »labil«, als geistig instabil. Aber unser aller Geist ist instabil. Starke geistige und emotionale Zustände bringen uns sehr schnell aus dem Gleichgewicht, wenn sie auftauchen. Und genau das ist Labilität – die Tatsache, daß wir schnell unser Gleichgewicht verlieren.

In der Meditation gilt dies als Maßstab für geistige Instabilität. Das bedeutet nicht, daß wir verrückt sind. Es heißt, daß wir der Macht unserer Gefühls- und Geisteszustände normalerweise hilflos ausgeliefert sind. Daher erleben wir häufig extreme Zustände, die wir eigentlich lieber vermeiden würden. Haben diese uns erst so richtig im Griff, benehmen wir uns bizarr und fallen aus der Rolle. Im Alltag aber scheinen wir relativ ausgeglichen zu sein. Wir werden höchstens ein biß-

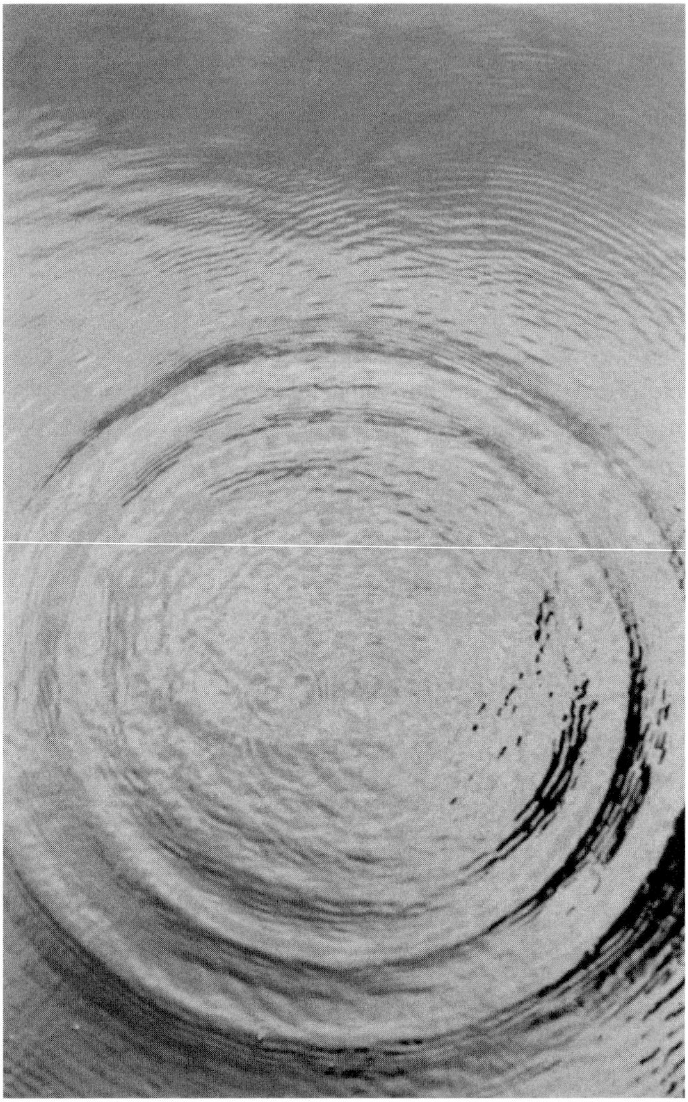

chen wütend, sind ein klein wenig eifersüchtig, leicht erschrocken oder ein bißchen glücklich, was auch immer.

Manchmal aber gewinnt eine dieser emotionalen Strömungen die Oberhand. Es könnte z. B. etwas geschehen, was uns so richtig zornig macht, und dann wird der Ärger im Geist nahezu allmächtig. Wir geraten in Rage, und unser »Alltagsgeist« wird von Wut überflutet. Unser Gesichtsausdruck verzerrt sich. Unsere Augen sprühen Funken, und aus unserem Mund kommen bitterböse Worte. Das ist ja wohl nun kein besonders stabiler, gesunder Zustand! Ganz im Gegenteil. Das Unterste ist zuoberst gekehrt, wir sind völlig aus dem Gleichgewicht. Wir tun und sagen Dinge, die wir normalerweise niemals sagen würden. Wir benehmen uns also völlig untypisch und seltsam.

Stellen Sie sich eine flache Schale voll Wasser vor. Wenn wir sie waagerecht halten, ist auch das Wasser gleichmäßig verteilt. Wenn wir sie kippen, rinnt das ganze Wasser auf eine Seite. Dabei tritt ein interessantes Phänomen auf. Je mehr die Schale nämlich gekippt wird, um so mehr Wasser rinnt auf eine Seite, und je mehr Wasser auf eine Seite läuft, um so stärker kippt die Schale. Je labiler und unausgewogener unser Gleichgewicht also ist, um so stärker werden wir von dieser Bewegung mitgerissen. Bis alles Wasser auf die andere Seite geflossen ist, dort an die Wand der Schale prallt und von dort wieder zurückfließt – so suchen auch wir, tapsend unser Gleichgewicht wiederzuerlangen. So gehen die meisten von uns durchs Leben. Stolpernd und taumelnd zwischen den Extremen unserer emotionalen Reaktionen.

Wenn wir nun einen Schritt zurücktreten, um das Problem aus der Distanz zu betrachten, stellen wir fest, daß wir diese

Extremzustände erleben, obwohl wir das eigentlich nicht wollen. Dieses mächtige Verhaltensmuster in unserem Geist ist also in der Lage, unsere Vorstellungen davon, wie wir gerne sein würden, auf die eine oder andere Weise zu durchkreuzen. Das ist der instabile Geist. Und gleichzeitig eines der größten Probleme, mit dem wir in der Welt zu kämpfen haben.

Wir wissen jetzt also, daß der instabile Geist von gewohnheitsmäßigen Verhaltensmustern gesteuert wird. Ebenso ist uns bekannt, daß der Geist von zwanghaften Energien geleitet wird, die in ihm selbst liegen. Sobald diese Energien aktiviert werden, werden wir in einer Kettenreaktion von Verhaltensmustern gefangen. Dauert dieser Vorgang lang genug an und verbindet sich vielleicht sogar mit ungelösten psychischen Problemen, so entsteht eine Art von Besessenheit. Daß dabei unser Leben vollkommen durcheinander gerät, ist nur die eine Seite. Die andere ist, daß die emotionale Spirale, die uns erfaßt hat, über eine ganz eigene Dynamik verfügt und nicht mehr aufhört, sich zu drehen.

Wie Sie Verhaltensmuster ablegen

Warum schaffen es diese Verhaltensmuster immer wieder, in unserem Leben das Unterste zuoberst zu kehren, obwohl wir sie und ihre Auswirkungen doch eigentlich kennen?

Nun, das liegt einfach an der Art, wie wir normalerweise funktionieren: Wir klammern uns an diese Verhaltensweisen und verwechseln sie mit unserem wirklichen Innenleben. Wir zimmern uns unsere Identität aus unseren Gedanken und Gefühlen. »So bin ich«, sagen wir zu uns selbst und meinen damit die Art und Weise, wie unsere Gedanken und Gefühle sich manifestieren. Dies ist unsere Vorstellung von Identität, die wir uns selbst und anderen präsentieren. Wir ketten uns also auf Gedeih und Verderb an diese Geisteszustände, deren Wesen nicht dauerhaft ist. Sie verändern sich ständig wie Schatten, die über die Wand huschen. Drei oder vier dieser Schatten liegen uns vielleicht besonders am Herzen, und so sagen wir uns: »Das bin ich!«

Dabei ist der ganze Mechanismus doch nur eine weitere schlechte Angewohnheit. Wir greifen reflexartig nach diesen aufscheinenden und wieder vergehenden Geisteszuständen und kleben förmlich daran. Die Meditation nun zeigt uns, in welchem Ausmaß wir uns mit diesen sich ständig verändernden Mustern im Geist identifizieren. Dies geschieht meist völlig automatisch, sozusagen in einer unbewußten Spontanreaktion.

In der Psychologie nennt man dieses Verhalten einen bedingten Reflex: eine Antwort auf einen Reiz, die eingeübt wurde, die wir lange Zeit in dieser Form gegeben haben und die völlig unabhängig vom bewußten Denken abläuft. Wie eine Maschine, die anspringt, sobald der entsprechende Reiz gegeben wird. Ein Großteil unserer »Persönlichkeit« beruht auf diesen bedingten Reflexen. Auch unsere geistige Instabilität ist so ein Reflex. Natürlich kann dieses Verhalten auch tiefergehende psychologische Gründe haben. Vielleicht haben wir ein starkes Trauma erlebt, stehen am Rand eines nervlichen Zusammenbruchs oder leiden unter einer starken Neurose. All diese Möglichkeiten bestehen. In der Meditation aber erkennen wir erst einmal, wie instabil unser Geist wirklich ist.

Zunächst versuchen wir also, in der Meditation mit diesem Faktum zurechtzukommen. Das bedeutet nicht, daß wir jetzt nach Hause laufen und unserer Familie erzählen müssen, wir seien geistig instabil. Diese Instabilität ist nämlich ganz einfach menschlich. Der durchschnittlich trainierte Geist ist von wenig stabiler Natur.

Betrachten wir nun einmal die Meditation unter dem Gesichtspunkt dieser menschlichen Instabilität. Wir haben ja schon einige Meditationserfahrung gesammelt. Wir wissen, daß Meditation etwas sehr Einfaches ist. Wir setzen uns hin in der Absicht, den Geist auf dem Meditationsobjekt ruhen zu lassen. Wie wir es schon kennen, wird diese Absicht im Bruchteil einer Sekunde von einer anderen überlagert. Der Geist wandert also ab in andere Gefilde, wo er Ablenkung, Unterhaltung und so weiter sucht. Wir bemerken dies und bringen ihn zurück, er geht, wir holen ihn zurück, er geht, wir holen ihn zurück, er geht, wir holen ihn zurück, er geht ... Das ist Meditationspraxis. Wir vervollkommnen also unsere Meditation nicht, wir praktizieren sie. Wir sind Praktizierende.

Der innere Beobachter

In unserem Geist findet also ein ständiges Kommen und Gehen statt. Gedanken und Gefühle steigen auf, bleiben eine Zeit lang lebendig und vergehen dann wieder. Ein neuer Gedanke kommt, bleibt für kurze Zeit bestehen und geht wieder. Es gibt also zum einen diesen ununterbrochenen Prozeß.

Interessant wird es erst, wenn Ihnen etwas auffällt. Stellen

Sie sich vor, Sie sind im Retreat (Meditationstage) und haben einen ganzen Tag Meditation hinter sich. Sie lehnen sich gemütlich an die Wand, sehen aus dem Fenster und denken schläfrig: »Eigenartig. Es ist nichts weiter passiert, als daß Gedanken und Gefühle in mir aufgestiegen, kurz geblieben und wieder gegangen sind, aber trotzdem habe ich den Eindruck, als sei etwas sehr Wirkliches, Wesentliches, Wichtiges geschehen. Wieso nur?«

Die Antwort gibt uns der Teil des Geistes, der uns ständig beobachtet. Er beobachtet jede Regung, da er ganz exakte Vorstellungen davon hat, was er will. Er möchte nur mit angenehmen Gedanken und Gefühlen zu tun haben. Alles, was unangenehm, schmerzhaft und unbequem ist, schiebt er weg. Und alles, was ihn langweilt, ignoriert er.

Das ist – grob umrissen – der Aufgabenbereich unseres inneren Überwachungssystems. Diesem System entspringt eine sehr starke Bereitschaft zur Reaktion, zu der ein gewisses Maß an Aufregung gehört. Wenn nämlich etwas entsteht, das uns gefällt, dann durchzieht uns ein Schauer: »Das ist es! Jetzt ist alles, wie es sein sollte.« Und wir greifen im Geiste nach dieser Regung, um sie festzuhalten.

Kommt hingegen etwas auf, das wir nicht mögen, so hat dieses Schaudern einen anderen Hintergrund: »Nein, das ist nicht richtig.« Wir haben den Eindruck, daß hier etwas schiefläuft, weil wir unsere Erwartungen noch nicht klar sehen können. Eine ziemlich weit verbreitete Erwartung ist beispielsweise, daß Meditation nur »süße« Geisteszustände hervorbringt. Wenn wir also etwas anderes erleben, dann sagt unser Geist sich: »Hoppla, das war die falsche Richtung. Das mag ich nicht.« Und sofort sucht er eine andere Form der Reaktion: Angst, Depression, Anspannung – was unserem persönlichen Zyklus eben entspricht.

Wird uns hingegen langweilig – normalerweise ist das der Fall, wenn unsere Achtsamkeit stärker wird –, dann meint unser Geist: »Und wo finde ich jetzt ein bißchen Zerstreuung? Das hier ödet mich an.« Dummerweise kommen diese Botschaften nicht als deutliche Texteinblendungen wie auf dem Fernsehschirm. All diese launigen Kommentare liegen im Geist auf einer vorbewußten Ebene und werden niemals ausgesprochen. Aber genau diese Botschaften sind es, die uns an all das ketten, was in unserem Geist erscheint. Mit ihnen nämlich weisen wir dem Geschehen Realität, Substanz und Dauerhaftigkeit zu und schmieden uns selbst fest an diese Geistesinhalte. Aus diesem Grund haben wir immer das Gefühl, daß etwas wirklich Bedeutendes passiert, wenn wir uns an unsere Gedanken klammern. Wir bemerken nicht, daß die Gedanken selbst keinerlei Macht haben. Wir sind es, die sie mächtig machen.

Es gibt so viele Bücher mit Titeln wie »Die Macht der Gedanken«. Als ob da magnetische Partikel durch das Universum rasten, uns hin und wieder zwischen die Augen träfen und uns dazu veranlaßten, daß wir tun, was sie wollen. Aber ein Gedanke hat nicht mehr Macht als ein Schatten an der Wand. Sie selbst sind es, der Ihren Gedanken Macht verleiht. Ihr eigener Geist ist es. Sie geben ihnen Energie.

Die Gedankenmuster, die wir in unserem Kopf tragen, sind auf genau dieselbe Weise entstanden. Sie sind Schöpfungen unserer eigenen karmischen Aktivität. Wir haben ihnen so viel und so häufig Energie zugeführt, daß sie ein Eigenleben gewonnen haben. Nun können wir nicht mehr von ihnen lassen, wenn sie in unserem Geist auftauchen. Aber ihre Energie haben wir selbst ihnen gegeben.

Die Spur zurückverfolgen

Ist uns dies erst einmal bewußt geworden, können wir beginnen, mit größerer Präzision am Geist zu arbeiten. Dafür gibt es eine Reihe von Übungen. Zuerst werden wir lernen, die Spur unseres Geistes zurückzuverfolgen. Wenn wir uns ablenken haben lassen und plötzlich erkennen, daß wir in eines unserer Denkmuster geraten sind, nehmen wir die Spur genau an diesem Punkt auf. »Jetzt sind meine Gedanken beim Stranderlebnis letzten Sommer, vor ein paar Sekunden war ich noch dabei, meine Aufmerksamkeit auf Geräusche zu richten. Wie bin ich nun hierher gelangt?«

Wir gehen also Schritt für Schritt zurück. Welcher Gedanke ging dem an den Strand voraus? Ich dachte über den Sonnenschein nach. Und was war davor? Der Gedanke, daß es heiß ist. Und wieder davor? Der Gedanke, daß ich zu warm angezogen bin. Und davor? Da hatte ich meine Aufmerksamkeit auf Geräusche oder den Atem gelenkt. Ich saß also da und meditierte, als mein Geist es interessanter fand, über meine Kleidung nachzudenken. Vielleicht lief es aber auch anders. Vielleicht dachte ich, daß mir heiß sei. Dann sprang der Geist weiter zum Thema Sonne und schließlich war ich am Strand und im Wasser.

Diese Übung macht uns bewußt, wie schnell und spontan der Geist sich bewegt. Und wir gelangen zurück zu dem Moment, an dem die Gedanken aufkeimten. Sie führt uns genau in diesen Augenblick hinein, der zwischen der Achtsamkeit und dem Abschweifen liegt. Vor einer Sekunde stand noch das Meditationsobjekt im Blick und jetzt … ist der Geist weg. Es gibt immer einen Moment dazwischen. Als nächstes werden wir uns also mit diesem Augenblick beschäftigen, in dem Gedanken aufkeimen.

Übung 5: Die Spur zurückverfolgen

1. Beginnen Sie so, wie in Übung 4 »Was tut mein Geist?« (siehe S. 97) beschrieben.
2. Wenn Sie einen sehr intensiven oder klaren Gedanken bemerken, hören Sie auf zu meditieren und versuchen Sie herauszufinden, woher er kam. Dies ist der Beginn einer spannenden Entdeckungsreise:
   Gedanken kommen nämlich auf einer ziemlich begrenzten Anzahl von »Straßen« in unseren Geist. Dann entwickeln sie sich mit Hilfe von Assoziationen weiter. Der Geist hegt einen Gedanken, der wiederum zu einem anderen Gedanken führt. Das geht endlos so weiter.
3. Wenn Sie also herausfinden wollen, welchen Weg Ihr Gedanke nahm, müssen Sie einfach nur den Assoziationen folgen. Gehen Sie so weit zurück, wie Sie können.

Zeit: Wie für Übung 4 »Was tut mein Geist?« (siehe S. 97).

Der Moment, in dem Gedanken aufkeimen

Um die Bedeutung dieses Augenblicks ganz zu erfassen, sollten Sie die beiden Diagramme auf den folgenden Seiten studieren, die schematisch darstellen, was beim Denken in unserem Geist geschieht: Dort, wo der Geist ohne Achtsamkeit reagiert, besteht ein endloser Teufelskreis sich ständig erneuernder Gedanken. Ist die Achtsamkeit hingegen stärker entwickelt, werden die Gedankenzyklen allmählich schwächer und schließlich ganz durchbrochen – was zur »Freiheit vom Denken« führt.

Der Moment, in dem Gedanken entstehen, ist dabei der interessanteste. Er ist von so großer Bedeutung, weil in diesem Augenblick so viele Dinge geschehen, auch wenn die meisten davon unbewußt ablaufen. Dies sollten wir uns noch einmal klar verdeutlichen: Der Gedanke, der in unserem Geist entsteht, kann verschiedene Quellen haben. Doch bevor er sich unserem Bewußtsein ganz präsentiert, fanden schon einige gedankliche Prozesse in einem vorbewußten Bereich unseres Geistes statt.

– »Ein Gedanke entsteht.« Dies ist der Ausgangspunkt in beiden Schemata.

  Erstens: An der Grenze zum bewußten Bereich hat unser Geist das Herannahen des Gedankens wahrgenommen. Wir sind uns dessen vielleicht nicht bewußt, aber tatsächlich geschieht es so.
– »Überprüfung des vorbewußten Bereichs«: Punkt 2 in beiden Schemata.

  Zweitens: Als nächstes überprüft der Geist, worum es sich

Gedankenmuster, die durch die Acht

ERSTES SCHEMA: Gedankenzyklus bei geringer oder mangelnder Achtsamkeit

Vorbewußte Denkprozesse, derer das Individuum sich nicht bewußt ist.

1

Ein Gedanke entsteht im vorbewußten Bewußtseinsbereich.

2

Bei einer Überprüfung des vorbewußten Bereichs wird der Gedanke registriert.

Diese Reihe von Reaktionen verstärkt eine bestimmte Art zu denken, die immer neue Gedanken hervorbringt. So entsteht weiterhin spontan Gedanke um Gedanke, auch wenn die betroffene Person das gar nicht will. Die Gründe dafür sind:

- *Indem wir auf den Gedanken reagieren, führen wir dieser Denkgewohnheit von neuem Energie zu.*
- *Handeln wir unreflektiert nach unseren Gedanken oder projizieren sie auf andere, so verstehen wir ihre wahre Natur nicht. Auch dies verstärkt die Macht dieses eingefahrenen Prozesses.*
- *Der alleinige Wunsch nach Veränderung bringt noch keine Änderung im Geist hervor.*

Da diese Art zu denken verstärkt wird, entsteht von neuem ein Gedanke, und dieser Zyklus wiederholt sich endlos und kontinuierlich.

5

Unsere Denkgewohnheiten werden verstärkt.

samkeitsübung deutlich werden:

URTEIL: Der Gedanke wird als angenehm, unangenehm oder uninteressant eingestuft.

REAKTION: Anhaftung, Unterdrückung, Ablehnung, Ignorieren, Projektion.

Diese beiden Aktionen verstärken die Energie

- *der Neigung zu dieser Art des Denkens und*
- *dieses spezifischen Gedankens oder Gedankenzyklus'.*

3

Der Gedanke dringt ins Bewußtsein ein.

4

Ich identifiziere mich mit dem Gedanken und mache ihn zu »meinem Gedanken«. Dies zieht verschiedene Konsequenzen nach sich:

- Ich handle nach »meinem Gedanken«.
- Ich verweile bei dem Gedanken.
- Ich entwickle ihn weiter.
- Ich versuche, ihn zu bekämpfen.

Dieser Akt der Identifikation gibt dem Gedanken Macht über unseren Geist – wie ein Reiter, der ein Pferd besteigt und es fortan unter Kontrolle hat.

Diese Aktionen sind sozusagen »das tägliche Brot« unseres Geistes.

Gedankenmuster, die durch die Acht

Zweites Schema: Gedankenzyklus bei ausgebildeter Achtsamkeit

Ist unsere Achtsamkeit stark, so sehen wir den Augenblick, wie er wirklich ist.

1

Ein Gedanke entsteht.

»Sehen ist Tun.« Der Geist, der bereits starke Achtsamkeit entwickelt hat, ist frei von jedem Zwang, auf den Gedanken zu reagieren. Dies ist jedoch nur bei wirklich geübten Meditierenden der Fall. Wahrscheinlich ist daher, daß es trotzdem zu Punkt 2 kommt.

4

Keine Identifikation mit dem Gedanken

Der Geist verändert sich:

- *Der Teufelskreis des unkontrollierten Denkens ist durchbrochen.*
- *Der Geist gewinnt Raum. In diesem entspannten Zustand läßt er das Leiden los und beginnt, sich zu öffnen, um seine wahre Natur zu erfahren.*
- *Der Geist wird stabil. Negative Emotionen und innere Konflikte bringen ihn nicht mehr aus dem Gleichgewicht.*
- *Man erfährt wirklichen inneren Frieden und die »Freiheit vom Denken«. Es entstehen zwar immer noch Gedanken, aber sie kommen und gehen einfach, ohne weitere Auswirkungen auf den Geist.*

samkeitsübung deutlich werden:

2

Überprüfen, beurteilen, reagieren

- *Bei nicht ganz so starker Achtsamkeit wird sich der Meditierende an diesem Punkt seiner Geistesaktivität bewußt.*
- *Aber auch wenn die Achtsamkeit stark ist, kann dieser Prozeß aufgrund der jahrzehntelangen Gewohnheit weiterhin ablaufen.*

3

Die Neigung, sich mit dem Gedanken zu identifizieren, wird klar erkannt.

Der Geist lernt, sich nicht mit den Gedanken zu identifizieren, und die gewohnheitsmäßigen Muster verschwinden.

An diesem Punkt erleben viele Meditierende einen Durchbruch, wenn sie erkennen: »Ich bin nicht der Gedanke.« Von diesem Moment an können die Gedanken frei fließen, ohne daß der Meditierende sich an sie hängt. Die Gedanken berühren den Geist nicht mehr. Auch dies trägt zum Abbau der Denkgewohnheiten bei. Der Geist setzt sich und wird ruhig.

bei dem Gedanken/Gefühl überhaupt handelt. Wie ein Torwächter überprüft er die Natur des Gedankens.

- Drittens: Dann bildet der Geist sich ein Urteil: gut, schlecht oder gleichgültig (d.h. uninteressant). Ich mag den Gedanken, mag ihn nicht oder ich will davon nichts wissen. Auf dieser Basis reagiert der Geist.
- Viertens: »Der Gedanke dringt ins Bewußtsein ein.« Auch dies geschieht sowohl in Schema 1 als auch in Schema 2. Nur der Umgang damit ist anders.

Meist wird uns der Gedanke erst in diesem vierten Schritt bewußt. Daher wissen wir jetzt bereits, ob der Gedanke für uns angenehm, unangenehm oder uninteressant ist. Aber wenn wir darüber nachdenken, wird uns klar, daß ein Prozeß des Beurteilens stattgefunden haben muß. Denn anderenfalls wüßten wir noch gar nicht, was wir von dem Gedanken halten. Wir hätten nur den Gedanken an sich wahrgenommen, nichts weiter. Die Tatsache, daß wir wissen, wie wir zu dem Gedanken stehen, zeigt, daß vor seinem Eintritt ins Bewußtsein bereits etwas geschehen sein muß.

Aufgrund dieses Vorgangs können wir sagen, daß wir zu dem Zeitpunkt, an dem dieser Gedanke ins Bewußtsein eindringt, schon darauf reagiert haben. Und sobald wir einmal reagiert haben, sind wir verloren (vgl. Punkt 4 in Schema 1). Diese Reaktion nämlich ist es, die uns letztlich aus dem Gleichgewicht bringt. Sobald wir reagiert haben, trägt uns der Gedanke mit sich fort, da wir ihm Macht über unseren Geist verliehen haben. Wir haben ihm Energie gegeben, und der Gedanke trägt uns mit sich hinweg, da wir uns mit ihm identifizieren. Dies ist der normale Denkprozeß. Die Analyse zeigt, weshalb es so schwierig ist, unsere Denkgewohnheiten zu durchbrechen. Unbewußt verstärken wir sie nämlich immer und immer wieder.

Unsere Achtsamkeit wird stärker, wenn wir üben. Haben wir erst einmal gelernt, unsere Gedanken bis zu ihrer Entstehung zurück zu verfolgen, so daß uns dieser Vorgang nicht mehr schwerfällt, dann können wir den Moment, in dem der Gedanke aufkeimt, erkennen und mit ihm alle damit verbundenen Prozesse. Von diesem Moment an erlangen wir ein direktes Verständnis der Funktionsweise unseres Geistes, die Basis für jede Einsicht.

Sind wir mit dem Entstehen der Gedanken vertraut, so erweitert sich gleichzeitig unser Bewußtsein. Wir werden uns plötzlich bislang vorbewußter oder unbewußter Bereiche gewahr. Damit ändert sich auch die Qualität unseres Geisteszustands. Unser Gewahrsein, die stabile Form von Achtsamkeit, wird stärker. Wenn wir viel mit Menschen zusammen sind, deren Achtsamkeit ein sehr hohes Niveau erreicht hat, geschieht etwas wirklich Interessantes. Wir stellen fest, daß sie Dinge bemerken, die wir nicht wahrnehmen. Wir tun beispielsweise etwas hinter ihrem Rücken, und sie wissen genau, was wir tun, weil ihr Gewahrsein so stark ausgeprägt ist. Es ist, als könnten sie aus dem Augenwinkel sehen. Verbringt man beispielsweise längere Zeit im Busch, so entwickelt man die sogenannten »Buschaugen«, d. h. die Fähigkeit, im Busch Muster und Bewegungen wahrzunehmen, die man gewöhnlich nicht sieht. Menschen, die Vögel beobachten, erkennen die Tiere vor allen anderen, einfach weil sie diese Fähigkeit geübt haben. Ähnlich müssen wir uns das mit dem Geist vorstellen.

Wir stellen also fest, daß in dem Moment, in dem Gedanken aufkeimen, eine Menge geschieht. Doch wirklich spannend wird es erst, wenn wir feststellen, daß der Augenblick, in dem wir uns in einen Gedanken »einklinken« (Punkt 3 und 4 in beiden Schemata), eine Entscheidung mit sich bringt. Es gibt da einen Augenblick, in dem wir uns entscheiden: »Ich werde mich auf die eine oder andere Weise an diesen Gedanken hängen.« Dann greifen wir nach ihm, schieben ihn weg oder ignorieren ihn einfach. All diese Handlungen bewirken, daß wir in den Gedanken vollkommen verwickelt sind. Nun wissen wir, wo unser Geist hängenbleibt. An diesem Punkt beginnt der Verlust des Gleichgewichts. Hier entscheiden wir uns für die Unruhe, denn sobald wir vom Gedanken davongetragen werden, sind wir in dem damit verbundenen Teufelskreis von Gedanken und Reaktionen gefangen.

Ein Beispiel soll uns dies verdeutlichen: Jemand tut mir etwas, was mir nicht gefällt. Auf vorbewußter Ebene entsteht daraufhin ein Gedanke bzw. ein Gefühl: »Das macht mich wütend. Ich werde zornig.« Immer noch unbewußt gehe ich auf diesen Gedanken ein, führe ihm Energie zu, und er saugt all meinen »unerlösten« Ärger auf. So wird also meine ganze Wut aktiviert, auch wenn sie nichts mit der vorliegenden Situation zu tun hat. Ein Wutausbruch, der weit heftiger ist, als es die Situation erfordert, bricht sich Bahn – weil mein Geist aus dem Gleichgewicht geraten ist. Sehen Sie, was ich meine? All das begann mit dieser Millisekunde der Entscheidung. Und dabei wissen wir noch nicht einmal, wann wir diese Entscheidung treffen. Das ist unser sogenannter freier Wille und die Art, wie wir ihn ausüben.

Übung 6: Der Moment, in dem Gedanken aufkeimen

1. Beginnen Sie, wie in der Übung »Was tut mein Geist?« (vgl. Seite 97) beschrieben.
2. Folgen Sie Ihrem Gedanken so weit als möglich zurück.
3. Auf diese Weise sollten Sie an den Punkt gelangen, an dem Ihr Geist beim Meditationsobjekt verweilte.
4. Achten Sie jetzt darauf, ob Sie den Augenblick wahrnehmen können, in dem der Gedanke seinen Ursprung hatte, den Moment, der am Anfang der Gedankenkette stand, die Sie zu jenem Gedanken führte, mit dem Sie dieses Spiel begannen.
5. Versuchen Sie, die Ursache für diesen Gedanken zu finden.

Das Aufdämmern der Freiheit: Unsere Konditionierungen lösen sich auf

Wenn Sie wissen wollen, wie der Geist Befreiung findet, werfen Sie noch einmal einen Blick auf Schema 2.

Wenn wir dieses Schema betrachten, wird uns deutlich, daß wir den Gedanken im Moment seines Aufkeimens nicht aufnehmen müssen. Dies ist das erste Merkmal der Freiheit in unserem Geist: Wir sind nicht gezwungen, unsere Gedanken aufzunehmen. Solange wir dies nicht begriffen haben, bleiben unsere Denkprozesse zwanghaft. Wir glauben, Gedanken aufnehmen zu müssen, einfach weil sie auftauchen. Und selbst wenn wir es verstanden haben, machen wir erst einmal weiter, einfach weil wir es jahrzehntelang gewöhnt waren. Aber nach einer gewissen Zeit registrieren wir in der Meditation diese Gewohnheit, und wenn wir dann zum Meditationsobjekt zurückkehren, kann der Geist die Gedanken loslassen. Ein neuer Gedanke entsteht, wir fühlen den Zwang, ihn aufzunehmen, wir erkennen diesen Zwang als solchen und gehen einfach zum Meditationsobjekt zurück.

Jedesmal wenn wir zum Meditationsobjekt zurückkehren, schwächen wir diesen zwanghaften Zyklus und verstärken statt dessen unsere Achtsamkeit. Aus diesem Grund ist Achtsamkeit ein so wirksames Instrument. Wir arbeiten direkt an einem grundlegenden psychologischen Prozeß. Wir lösen – ganz nebenbei – unsere gedanklichen Konditionierungen auf und zwar nicht auf der Gedankenebene, sondern auf der Ebene, wo sie tatsächlich passieren. Wir müssen nicht denken: »Jetzt löse ich meine Konditionierungen auf.« Es geschieht einfach.

Und dann kommt plötzlich der Tag, an dem wir da sitzen, vollkommen fertig, weil wir zwölf Stunden lang meditiert haben. Wir sind wirklich müde und unser Geist ist total hinüber. Ein Gedanke entsteht. Und mit einem Mal können wir beim Entstehen gleichsam zuschauen. Wir erkennen, wie innerhalb unseres Beobachterbewußtseins die ganze Reaktionsmaschinerie in Gang kommt, aber wir sehen, daß wir nicht zu reagieren brauchen, und denken: »Na ja, das stört mich weiter nicht.«

In diesem Moment ist etwas Bemerkenswertes geschehen. Unser Gedanke ist einfach vorübergegangen. Wir nehmen ihn nicht auf, wir verwickeln uns nicht darin. Er geht einfach vorbei. Das ist, als würde unser ärgster Feind ins Zimmer treten, doch wir verspüren weder Angst noch eine sonstige Regung. All die alten Probleme wurden nicht hervorgeholt, weil wir dem Gedanken nicht nachgerannt sind. Das ist der erste Augenblick der »Freiheit vom Denken«.

Frei zu sein vom Denken bedeutet nicht, daß wir keine Gedanken mehr haben. Es heißt einfach nur, daß unsere Gedanken einfach kommen und gehen. Wir klammern uns nicht mehr an sie. Der Geist gewinnt dadurch eine unendliche Klarheit und Brillanz. Erfahrene Meditierende sagen, daß der Geist sehr lebendig, strahlend, von allen Behinderungen frei und ungewöhnlich luzid wird. Wir haben ein Gefühl von grenzenloser Freiheit, da wir die Natur unserer Grenzen, d. h. die Gewohnheit, erkannt haben. Nun haben wir uns davon losgesagt. Für jemand, der am Anfang seiner Meditationspraxis steht, gibt es keine größere Freude.

Der stabile Geist

Wenn es uns gelingt, dies zu einem dauerhaften Zustand zu machen, sind wir deshalb noch nicht erleuchtet, auch wenn uns das so vorkommt. Manchmal denken Menschen, die diese Erfahrung machen, sie hätten jetzt Erleuchtung gefunden, weil die Erfahrung als solche so strahlend und klar ist. Im Geist kommen so viel Klarheit und Freude auf, und gewöhnlich empfinden wir auch noch ein starkes Mitgefühl. Wenn diese Erfahrung also zu unserem Normalzustand wird, ist es gleichgültig, welche Art von Gedanken entsteht. Wir erleben eine wunderbare Toleranz, eine Elastizität den Geschehnissen gegenüber, da unsere inneren Zustände keine Bedeutung mehr haben. Auch wenn ein schrecklicher Gedanke uns überfällt, ist das nicht mehr wichtig, denn er vergeht wie alle anderen, und wir sehen ihm dabei zu. Auch wirklich glücklich machende Gedanken bringen uns nicht aus dem Gleichgewicht. Sie entstehen und vergehen. Und auch die Langeweile berührt uns weiter nicht mehr.

Dies nennt man häufig auch den »einen Geschmack«. Damit soll die wahre Bedeutung von Worten wie Gleichmut und Gelassenheit beschrieben werden. Leider gibt es viele Worte, die diesen Zustand des stabilen Geistes nicht adäquat beschreiben. Manchmal wird dafür auch das Wort »Indifferenz« benutzt, das den Sinn überhaupt nicht erfaßt. Können Sie sich ein Wort vorstellen, das stärker die Vorstellung von grauem, ausdruckslosem Desinteresse erweckt? Dabei ist genau das Gegenteil der Fall. Der stabile Geist vibriert geradezu vor Lebendigkeit. Er ist frei, nicht mehr in alle möglichen Muster verwickelt und daher wirklich unparteiisch. Das liegt daran, daß alles, was sich darin manifestiert, uns nicht mehr ins Mark trifft, sondern einfach vorbeigeht. Nun sind wir auf einem sehr grundlegenden Niveau wirklich frei. Dieser Freiheit ist etwas Strahlendes zu eigen, und doch ist sie auf ruhige Weise freudig.

Dieser Zustand ist ausgewogen oder stabil, weil die Möglichkeit, das geistige Gleichgewicht zu verlieren, geringer und geringer wird. Wir lassen uns von den aufkommenden Gedanken immer weniger mitreißen. Genau das ist ein stabiler Geist. Wenn diese Qualität dauerhaft wird, verändert sich unser Geist profund. Er hat keinerlei Ähnlichkeit mehr mit dem Geist, an den wir gewöhnt sind. Zwischen dem zur Ruhe gekommenen und dem instabilen Geist gibt es fundamentale Unterschiede. Daher geht diese Geistesqualität auch nicht mehr verloren, wenn man einmal erkannt hat, daß man sich an aufkeimende Gedanken nicht hängen muß.

Die Befreiung von der Anhaftung ans Denken geht also Hand in Hand mit der Stabilität unseres Geistes. Auf diese Qualität arbeiten wir hin. Dies ist der erste große Schritt für den Meditierenden. Obwohl es sich dabei um eine Basisfähigkeit handelt, ist die Erfahrung sehr tief. Wenn wir es in diesem Leben schaffen, unseren Geist zu stabilisieren, haben wir eine Menge erreicht. Wir haben eine Erfahrung ungeheurer Tiefe gemacht.

Übung 7: Gedankenzyklen

Alle Gedanken durchlaufen einen bestimmten Zyklus mit folgenden drei Stadien:

- dem Moment des Aufkeimens,
- dem Augenblick des Bestehens und
- dem Moment des Vergehens.

Normalerweise bemerken wir das nicht, da in unserem Geist so viele Gedanken kommen und gehen, daß wir nur einen andauernden Aufruhr wahrnehmen, in dem weder Anfang noch Ende einzelner Gedanken klar zu erkennen sind. Außerdem gibt es Gedanken, die so lange andauern oder so häufig wiederkehren, daß wir uns gar nicht mehr daran erinnern können, einmal ohne sie gewesen zu sein. Diese mangelnde Einsicht in die Natur der Gedanken verleitet uns häufig dazu, sie als »substantiell«, als mit einem eigenen, dauerhaften Wesen ausgestattet, wahrzunehmen. Daher brauchen wir die direkte Erfahrung, daß dies nicht so ist.

Die Übung:

1. Meditieren Sie wie immer.

Nach ein paar Minuten richten Sie Ihre Aufmerksamkeit kurz auf das, was Sie denken, und kehren dann wieder zur Meditation zurück. Wiederholen Sie diesen Vorgang während Ihrer Meditationssitzung noch zweimal.

Am Ende der Meditationssitzung denken Sie an Ihre Gedanken und sehen, daß sie jetzt nicht mehr da sind.

Denken Sie darüber nach: Wenn die Gedanken vorher da waren und jetzt verschwunden sind, müssen sie einen Zyklus des Werdens, Bestehens und Vergehens durchlaufen haben. Nun haben Sie ein intellektuelles Verständnis dessen erworben, was ein Gedankenzyklus ist. Aber Sie haben die drei Stadien noch nie bewußt, d. h. in einem Zustand der Achtsamkeit, erlebt.

2. Beginnen Sie von neuem zu meditieren.

Beobachten Sie, wie Ihre Gedanken entstehen. Wenn Sie die letzte Übung zu diesem Thema gemacht haben, sollte Ihnen das nicht schwerfallen.

Bisher kennen Sie also zwei Stadien des Zyklus, das Werden und das Bestehen.

3. Nehmen Sie die Meditation wieder auf.
Richten Sie Ihre Aufmerksamkeit auf einen besonders starken Gedanken und beobachten Sie ihn voller Achtsamkeit. An einem bestimmten Punkt ist er plötzlich nicht mehr da. Versuchen Sie, diesen Moment herauszufinden.

Der Zustand des Vergehens ist am schwersten zu erkennen, denn das schiere Beobachten der Gegenwart eines Gedankens verleitet uns häufig dazu, diesen festzuhalten. Nur wenn unser Geist sich ganz der reinen Aufmerksamkeit widmet, ist dieser Moment des Vergehens zu »sehen«.

Zeit: Widmen Sie jedem Stadium mindestens drei Sitzungen.

Frage: Ist dies eine Art »Grundstufenpraxis« und kommen die schwierigeren Methoden später?

Antwort: Nein. Es gibt bei der Praxis keine Grund- und Aufbaustufen. Im wesentlichen tun wir während unserer Übung genau dies, um welche Form der Meditation es sich auch handeln mag.

Frage: Ich kann mir nicht helfen, aber das Ganze macht mich ein wenig traurig, so als würde ich durch diesen Prozeß etwas verlieren.

Antwort: Sie verlieren tatsächlich etwas, nämlich das Leiden. Wenn Sie Wert darauf legen, weiterhin zu leiden, sollten Sie die Finger von dieser Praxis lassen. Leiden Sie lieber weiter!

Viele von uns denken nämlich: »Nun, ich leide zwar, aber

wenigstens bin ich am Leben.« Wir erkennen nicht, daß dieser andere Weg, in der Welt zu sein, sehr viel schöner ist.

Frage: Mir scheint, daß Achtsamkeit zu einer Art Sinn für den inneren Raum führt. Man benutzt zur Beschreibung auch lauter Ausdrücke, die räumlich sind, z. B. der Gedanke »geht vorüber«. Oder ein Angstgefühl, das tief unten links sitzt, und Wut, die mich quasi von hinten überfällt.

Antwort: Ja. Achtsamkeit schafft ein gewisses Raumgefühl. Warum? Normalerweise sind wir so eng mit unseren Gedanken und Gefühlen verwoben, daß es einfach keinen einzigen Moment gibt, in dem uns nicht irgendein Gedanke oder ein Gefühl vollkommen ausfüllt. Und diesen Gedanken und Gefühlen verleihen wir in unserer Vorstellung eine absolute Realität. Wir halten sie für dauerhaft und bedeutsam. Dies läßt sich vergleichen mit einem sehr intensiven Musikstück, das keinerlei Pause zwischen den Noten und Takten hat. Viele Menschen sagen, die wahre Bedeutung von Musik liege in der Stille zwischen den Noten. Wir aber erleben normalerweise Musik, die nicht eine Millisekunde Raum zwischen den Tönen kennt, und das ist einfach zuviel. Unser Geist ist mit Anspannung und Anhaften bis ins letzte Eckchen angefüllt, da bleibt keinerlei Raum übrig.

Wenn wir zu meditieren beginnen, lassen wir diese Intensität des In-Gedanken-verwickelt-Seins langsam los. Und schon entstehen Zwischenräume. Es gibt Raum zwischen unseren Gedanken! Und langsam wird uns bewußt, wieviel Ruhe darin liegt. Der Geist wird weit und friedlich. Und schließlich wird dieser innere Zustand auch äußerlich sichtbar. Statt sich an jedes Objekt im Raum zu hängen, verweilt der Geist ruhig in der Klarheit des Raumes. In der Kunst nennt man dies auch den »negativen Raum«. Ich denke, daß dieser Begriff viel mit dieser Raumerfahrung zu tun hat.

Frage: Ja, aber auch die Objekte fühlen sich eher an wie Eindrücke.

Antwort: Wir nehmen unsere Außenwelt durch die Sinne wahr. Normalerweise »erfahren« wir von einem Objekt erst, wenn es interpretiert wurde. Die Übung der Achtsamkeit hingegen führt uns näher an das direkte Erlebnis des Sinneseindrucks heran, der reiner und lebhafter ist, mehr Freude in sich birgt. All die harte Arbeit, die uns das Katalogisieren und Interpretieren dieser Eindrücke sowie unsere Reaktion darauf kostet, können wir nun allmählich loslassen.

Frage: Also ist Achtsamkeit der Raum, in dem diese Dinge existieren?

Antwort: Achtsamkeit ist die Qualität oder Fähigkeit des Geistes, die uns ermöglicht, unsere Anhaftung aufzugeben und unserer Essenz näher zu kommen.

Frage: Wenn ich Sie recht verstehe, wird meine Identität von einer Reihe obsessiver Schatten und einem inneren Beobachtungssystem verdeckt, das sich meiner Kenntnis entzieht?

Antwort: Ja, das kann man so sagen. Da haben wir zum einen dieses obsessive und zwanghafte Involviertsein in Schattenphänomene. Innerhalb dieser Phänomene ist der Geist zweigeteilt und arbeitet auch so. Da ist das Beobachterbewußtsein mit all seinen Überwachungsmechanismen. Und dann gibt es den aktiven Geist, der all diese Gedanken und Gefühle produziert. Hier entstehen unsere Erwartungen,

Zielvorstellungen und Annahmen, die sich auf jeden Lebensbereich beziehen können.

Mit den Übungen in diesem Buch können wir unsere zwanghaften Gedanken und Erwartungen identifizieren. Das ist wie eine Art Frühwarnsystem. Auf dieser Ebene lernen wir einfach, wie wir geschickt mit unserem Leben umgehen.

Ein Beispiel: Ich weiß, daß es innerhalb meines Geistes bestimmte zwanghafte Bereiche gibt und ich kenne die entsprechenden Auslöser. Also meide ich entsprechende Situationen, und zwar nicht, weil ich dieses Problem nicht lösen möchte, sondern weil ich weiß, daß ich mit diesen Situationen nicht umgehen kann. Sie sind zuviel für mich. Also löse ich zuerst die Probleme in anderen Bereichen und wende mich dann erst den schwierigeren Zonen zu.

Sobald wir dies gelernt haben, können wir unnötigem Leiden in unserem Leben aus dem Weg gehen. Das bedeutet ja nicht, daß wir die zugrundeliegenden Probleme verdrängen. Wir wenden uns einfach nur den Dingen zu, mit denen wir umgehen können. Wir schlittern nicht mehr in Situationen, die zuviel für uns sind. Diese Einsicht öffnet uns einen flexiblen und intelligenten Weg, wie wir mit der Welt und unseren Mitmenschen leben können. Am Arbeitsplatz erkennen wir meist sehr bald die Tabuzonen unserer Kollegen, erleben aber immer wieder, wie sie sich Hals über Kopf gerade in diese Situationen stürzen. Dann werden sie unmöglich, irrational und reagieren bar jeder Vernunft. Also helfen wir ihnen. Wir bemühen uns, ohne großes Aufheben darum zu machen, sie von diesen Zonen fernzuhalten. Und schon läuft alles viel besser. Genau dasselbe tun wir nun für uns selbst.

Meditation ist also etwas sehr Praktisches, denn wenn wir

diese Dinge in uns erkannt haben, erkennen wir dasselbe Spiel auch außerhalb unser selbst. Innen und außen reflektieren sich immer gegenseitig. Nach einer Zeit wird das Ganze ein Riesenspaß.

VI. Wahre innere Ruhe

Ohne Widerstände,
ohne Reaktion.

Wie man einen Affen fängt

Wenn unsere Achtsamkeit so weit gediehen ist, daß wir im Augenblick völlig präsent sind und sehen, wie Gedanken und Gefühle aufkeimen und wieder vergehen, wird auch unsere Einsicht wachsen. Wir gewinnen einen klaren Blick auf unsere Anhaftungsmechanismen. An diesem Punkt beginnen wir einzusehen, was »Freiheit vom Denken« eigentlich bedeutet. Denn frei sein wollen wir. Auf einer bestimmten Bewußtseinsebene ist uns klar, daß wir gefangen sind. Wir wissen nur nicht, daß wir selbst unser Gefängnis gebaut haben. Es gibt eine sehr schöne Geschichte aus Indien, die uns diese Situation erläutert. Es geht darum, wie man einen Affen fängt.

Wenn Sie einen Affen fangen wollen, machen Sie eine leere Kalebasse (die einem Flaschenkürbis ähnelt) am Boden fest und schneiden ein kleines Loch hinein. Das Loch sollte nur etwa so groß sein, daß der Affe seine Hand mit ausgestreckten Fingern hineinbringt. In die Kalebasse legen Sie dann ein paar Nüsse. Alles bereit? Der Affe kommt, steckt seine Hand durch das Loch, schnappt sich die Nüsse, und raten Sie mal, was jetzt passiert? Er bringt seine Hand mit den Nüssen nicht mehr heraus. Er sitzt fest. Jetzt kommen Sie, und der Affe fängt an zu zetern, springt auf und ab und kämpft wie besessen. Aber er läßt die Nüsse einfach nicht los, und so haben Sie ihn. Sie haben ihn mit den Nüssen gefangen.

Genau so geht es uns. Wir greifen nach etwas, ohne zu wissen, wonach. Der Ort, an dem wir greifen, ist die Vorstellung von einem »Ich« – unsere ichbezogene Fixierung. Wir sitzen in dem zwanghaften Zyklus unseres Denkens ebenso fest wie in dieser Fixierung auf ein Ich. Auch wir wollen unsere »Nüsse« nicht loslassen. So lange wir dieses Ich, das uns so kostbar erscheint, nicht loslassen, sitzt unsere Hand in der Kalebasse fest. Wir erkennen nicht, daß zwischen unserem Gefängnis und unserem Festhalten an dieser Idee ein Zusammenhang besteht.

Wir müssen uns also mit der Vorstellung des Loslassens auseinandersetzen. Und damit ist keineswegs die heute so gängige Phrase von »Laß locker!« gemeint. Dieses Loslassen ist ein höchst disziplinierter Prozeß: Zunächst lernen wir, den Moment des Aufkommens von Gedanken zu erkennen, so daß wir uns dessen völlig bewußt sind. Dann wird uns der Teufelskreis des Sich-an-Gedanken-Hängens klar. Wir vertiefen uns auf drei Arten in unsere Gedanken und Gefühle: Wir suchen Vergnügen, indem wir festhalten, was uns gefällt. Wir wollen Unangenehmes loswerden, also schieben wir Gedanken und Gefühle weg. Wir ignorieren, was uns nicht interessiert. All diese Reaktionsformen stellen Momente des Greifens und Anhaftens dar, da wir, sobald wir diesem gewohnheitsmäßigen Impuls nachgeben, uns in den Gedanken oder das Gefühl verwickeln. Alle Gedanken und Gefühle ziehen unweigerlich andere nach sich. Wenn wir also auf die Inhalte unseres Geistes reagieren, verstärken wir nur unsere Fesseln. Dies gilt auch für das wirkliche Leben.

Der Geist reagiert bereitwillig

Wenn wir im Leben allzu leicht reagieren, bekommen wir Schwierigkeiten in unseren Beziehungen. Viele unserer Mißverständnisse und Probleme gehen auf diese Bereitschaft zu reagieren zurück. Weshalb? Nun, die Intensität dieser Reaktion ist der entsprechenden Situation nicht angemessen. Wenn der Geist in dieses Verhaltensmuster verfällt, dann holt er grundsätzlich – auf den entsprechenden Reiz hin – weit mehr emotionales Material aus der Schublade, als der Situation tatsächlich angemessen ist. Er reagiert also nicht auf den augenblicklichen Stand der Dinge, sondern bringt alle ungelösten Probleme mit ins Spiel, die durch diese Situation angesprochen werden. Diese Bereitschaft zur Reaktion führt also fast immer zu einem Überschuß im Vergleich zu dem, was da ist. In der Meditation entdecken wir Stück für Stück, daß reaktive Prozesse all unsere psychologischen Muster aktivieren. Jedesmal, wenn wir in dieser Form reagieren, hängen wir gleichsam in diesen Mustern fest.

Wenn wir uns in der Meditation dessen bewußt werden, lassen wir es einfach geschehen – statt uns mit unserer Bereitschaft zur Reaktion zu identifizieren.

Stellen Sie sich vor, Ihr Lieblingsfeind versucht, Sie in der bewährten Art und Weise zu beleidigen. Aber heute sind Sie müde und haben keine Lust zu reagieren. Plötzlich ist die ganze Situation eine andere. Erschrecken und Überraschung zeichnen sich auf dem Gesicht Ihres Gegners ab, weil das gewohnte Muster nicht greift. Der erwartete Kampf findet nicht statt. Wenn das geschieht, erschrecken wir vielleicht selbst ein bißchen, aber wenigstens dieses eine Mal fühlen wir uns wirklich frei.

Wenn dasselbe in unserem eigenen Geist passiert, ist die Wirkung noch umwerfender. Haben Sie sich zum ersten Mal gegen das Greifen nach einem Gedanken oder Gefühl entschieden, dann steigt ein ungeheuer starkes Gefühl von Freiheit im Geist auf, ein Gefühl von Raum und Entspannung. Wir müssen Gedanken und Gefühle also nicht wegschieben. Sie sind da und können tun und lassen, was immer sie wollen. Wir werden uns nur einfach nicht mehr darin verfangen.

Nun können wir sehen, daß Gedanken und Gefühle wie ein Fluß sind. Gedanken kommen zwar im Geist auf, aber dieser Teil des Geistes ist der aktive Geist. Nun wird uns klar, daß unsere Bereitschaft zur Reaktion unserem Beobachter-Geist entspringt. Und in unserem Beobachter-Geist lehrt uns die Weisheit von Einsicht und Achtsamkeit, daß wir nicht nach den Inhalten unseres Geistes greifen müssen. Wir können sie gehenlassen, jetzt, wo wir verstanden haben, daß wir nicht unsere Gedanken sind.

Buddha erläuterte diesen Punkt einmal genauer, als er während einer Belehrung von einem Brahmanen beschimpft wurde. Der Brahmane tobte eine Weile vor sich hin, und als er damit aufgehört hatte, fragte Buddha ihn: »Wenn jemand einen Teller mit Köstlichkeiten zu meinen Füßen niederlegen würde, wem würde dieser Teller gehören?«

»Natürlich der Person, die ihn hingestellt hat«, antwortete der Brahmane.

»Und wenn die Person mir diesen Teller mit Köstlichkeiten geschenkt hätte, ich ihn aber ablehnen würde?« fuhr Buddha fort.

»Dann würde er immer noch der Person gehören, die ihn hingestellt hat«, war die Antwort.

»Ganz genau«, sagte der Buddha. »Ganz genau.«

Wenn also im Rahmen unserer Beziehungen jemand uns beleidigen und mit uns streiten will, dann ist dies dessen Teller. Er wird nur zu unserem, wenn wir ihn annehmen und als unseren betrachten. Genau dasselbe gilt für unsere Gedanken und Gefühle. Sie kommen und gehen. Problematisch werden sie erst, wenn wir beschließen, uns mit ihnen zu befassen. Wir machen sie zu unseren und haben das Gefühl, daß sie unser Besitz sind. Und das alles nur, damit unser Ich auf der Szene erscheinen kann, die vorher potentiell neutral war. Erst wenn wir beschließen, diese Gedanken zu unserem höchstpersönlichen Territorium zu machen, kommt es zu den drei Formen des Anhaftens. Tun wir das aber nicht, entspannt sich unser Geist. Er ist nicht mehr länger in all diesen Gedanken und Gefühlen gefangen. Und plötzlich verstehen wir, was Freiheit ist, nämlich Freiheit vom Denken.

Unser Geist wird in der Folge immer stabiler, da nicht mehr jeder Gedanke und jedes Gefühl ihn aus dem Gleichgewicht bringen. Die Basis für unsere geistige Labilität ist verschwunden. Und diese Basis war die falsche Vorstellung, daß alles, was im Geist aufkeimt, erlebt werden, d.h. aufgegriffen und mit einer der drei Formen der Anhaftung festgehalten werden muß. Daß dies eine Täuschung ist, haben wir nun durchschaut. Wir wissen, daß wir dies nicht mehr tun müssen.

Übung 8: Sich mit den Inhalten des Geistes identifizieren

Unser Geist liegt in Fesseln, weil er sich kontinuierlich mit seinen Inhalten identifiziert, wenn sie aufkommen, und dann an ihnen kleben bleibt.

Die Entwicklung von Achtsamkeit – reiner Aufmerksamkeit, die nicht an einen Inhalt gebunden ist – hilft uns, diese Haltung abzulegen, so daß wir nicht mehr zwanghaft auf unsere Gedanken und Gefühle reagieren müssen.

Der Hauptgrund dafür liegt in den Botschaften, die der Geist mit sich herumschleppt und die besagen, daß diese Reaktion »normal ist«, daß »ich so nun einmal bin« und daß »man das einfach so macht«. Das Resultat ist, daß wir unsere geistigen Inhalte nicht einfach beobachten können, sondern gezwungen sind, sie aufzunehmen, zu verändern, zu kontrollieren und sie loszuwerden (vor allem, wenn es sich um unangenehme Empfindungen handelt). Solange wir dies nicht verstehen und uns mit dieser verborgenen zwanghaften Reaktion auseinandersetzen, bleiben wir versklavt.

Grundlegende Elemente dieses Prozesses sind:

- Identifikation mit Gedanken und Gefühlen (»mein Gedanke«, »mein Gefühl«).
  Dies ist ein wichtiger Schritt, da erst durch ihn der geistige Inhalt zu einem Teil unseres »Ich« wird, die Basis »meiner« Identität.
- Nach der Identifikation wird der Gedanke quasi zur Chef-

sache erklärt. Von diesem Moment an ist er wichtig und muß irgendwie behandelt, in Besitz genommen werden und so fort.

1. Meditieren Sie und beobachten Sie dabei das Aufkommen von Gefühlen oder Gedanken.
2. In diesem Augenblick können Sie sehen, wie der Geist sich damit identifiziert.
3. Versuchen Sie herauszufinden, in welchem Moment das zwanghafte »Ich muß« greift.
4. Versuchen Sie zu erkennen, wie ein Teil dieses »Ich muß« für bedeutsam erklärt wird: »Das ist wichtig, deshalb muß ich …«
5. Befreien Sie sich aus dieser Zwangsjacke, indem Sie sich ständig sagen: »Das ist nicht wichtig. Ich muß jetzt nicht …«

Zeit: Zwei Wochen lang immer für ein paar Minuten am Ende jeder Sitzung.

Innere Ruhe läßt sich nicht »produzieren«

Der Begriff »innere Ruhe« kann sehr leicht mißverstanden werden. Viele von uns denken dabei an selige Gefühle. Wenn wir meditieren – oder auch irgend etwas anderes tun – wollen wir vor allem, daß es uns gut geht. Das ist die Grundlage von allem. Wir würden liebend gerne alles aufgeben, könnten wir nur sicherstellen, daß wir uns wohl fühlen. Natürlich wäre es noch besser, vor lauter Seligkeit dahinzuschmelzen, aber wenn das nicht geht, dann geben wir uns auch mit einem simplen Wohlgefühl zufrieden.

In diesem Zusammenhang kommen viele verborgene Faktoren ins Spiel. Tief innen wollen wir nämlich immer das Beste für uns. Aus diesem Grund haben wir uns in früheren Kapiteln mit unseren Zielvorstellungen beschäftigt. Normalerweise wird die vollkommene Seligkeit mit der Abwesenheit von Gedanken gleichgesetzt. Wir glauben, daß wir – wenn wir nur den richtigen Weg einschlagen – irgendwann den richtigen Schalter finden. Wir legen ihn um, und plötzlich hört der Gedankenstrom in unserem Kopf auf und alle Gefühle wandeln sich sofort in reinste Seligkeit. Und selbstverständlich können wir diesen Zustand jederzeit auslösen, wenn uns danach ist.

Diese Haltung ist ein Produkt unseres mechanistischen Weltbilds. Wir gestalten unser Leben nämlich ganz genauso. Wenn uns der Lärm des Staubsaugers stört, schalten wir ihn aus. Wenn wir keine Kopfschmerzen haben wollen, nehmen wir eine Tablette. Wir glauben, daß jeder Bereich unseres Lebens so gehandhabt werden kann, auch die Meditation. Innere Ruhe ist für uns ein segensreiches Gefühl, das man betritt wie einen Raum, wobei wir all unsere psychologischen Konditionierungen zusammen mit der Außenwelt am Eingang zurücklassen.

Aber so ist innere Ruhe nicht. Sie ist etwas viel Besseres, nämlich ein »elastischer« Geisteszustand, der trotzdem stabil ist und dem eine offene, ruhige Weite eigen ist, die er beibehält, gleichgültig, was innerhalb oder außerhalb des Geistes abläuft. Wenn unser Geist die Erfahrung der Ruhe kennt, dann kommen Gedanken und Gefühle zwar weiterhin auf, aber sie stören uns und unser Gleichgewicht weiter nicht. Sie sind einfach nur da. Sie entstehen, wir beobachten sie, sie vergehen. Sind die Empfindungen schmerzhaft, dann ist das in Ordnung. Sind unsere Gedanken neutral oder positiv, berührt uns auch dies weiter nicht. Sie werden alle mit derselben Ausgeglichenheit beobachtet und erfahren. Dies ist ein ruhiger Geist.

Haben wir dies erst einmal verstanden, so erwarten wir nicht mehr, daß unsere Meditation zu tiefgreifenden Veränderungen oder einem grundlegend neuen Geisteszustand führt. Diese neue Qualität des Geistes wird immer deutlicher, je stabiler unsere Achtsamkeit wird. Allmählich bringen uns immer weniger Dinge aus der Fassung, unsere Bereitschaft zur Reaktion nimmt kontinuierlich ab.

Innere Ruhe kann nicht »gemacht« werden. Wir können sie nicht herbeizwingen. Sie ist aber auch nichts besonders Kostbares oder Zerbrechliches. Ganz im Gegenteil: Sie kann noch aufrechterhalten werden, wenn rundherum das größte Chaos herrscht. Die einzige Voraussetzung ist, daß der Geist für alles offen bleibt, was um ihn herum geschieht, ohne Widerstände und ohne Reaktion. Das bedeutet nicht, daß wir jetzt völlig feuerfest sind. Wir haben immer noch schmerzhafte Emotionen, erleben Verletzungen oder fürchten uns. Der Unterschied ist, daß diese Zustände nun auf andere Art erfahren werden, weil wir uns nicht in sie verwickeln lassen. Innere Ruhe führt also zu mehr Gleichmut.

Viele Menschen glauben, daß sie, um meditieren zu können, ihre alltäglichen Aktivitäten hinter sich lassen und spezielle Bedingungen schaffen müssen, in denen sie Ruhe erfahren. Sie glauben, daß sie irgendwo aufs Land gehen müßten, wo die Vögel zwitschern, ein Bach plätschert und die Sonne scheint. Dies kann zwar hilfreich sein, ist aber nicht unbedingt notwendig. Wir können innere Ruhe mitten in der Großstadt entwickeln, wenn wir gelernt haben, achtsam zu sein.

Wie wir es auch drehen und wenden, wir kommen immer wieder auf dasselbe zurück: Achtsamkeit ist die Grundlage von allem. Wenn wir uns in Achtsamkeit üben, erfahren wir früher oder später auch innere Ruhe, Gewahrsein, Gleichmut und Einsicht. Haben wir Einsicht gewonnen, so erkennen wir, wie wir versuchen, an Gedanken festzuhalten, und lassen sie automatisch wieder los. Wenn wir es nicht erkennen, können wir auch nicht loslassen. Wir sind wie der Affe mit der Hand in der Kalebasse. Hätte er verstanden, daß sein eigentliches Problem die geschlossene Faust war, hätte er die Nüsse losgelassen. Aus diesem Grund sagte Krishnamurti: »Sehen ist Tun.« Wenn wir erkennen, was auf psychischer Ebene abläuft, dann ändert sich auch schon unser Geist. Wir müssen also nichts weiter mehr tun.

Hindernisse und Offenheit

Ich habe sehr viel über Neigungen und Gewohnheiten gesprochen. Tatsächlich sind dies die wichtigsten Begriffe, wenn es um die Negativität im Geist geht. Sie sind sehr tief in uns verwurzelt. Obwohl wir uns ihrer nicht bewußt sind, leben wir sozusagen in einem Strom von Gewohnheiten, der uns mit sich reißt.

Wie Strömungen, die ein Boot über den Ozean tragen, so begleiten uns diese Gewohnheiten schon seit unserer Geburt. Obwohl ein großer Teil unserer Persönlichkeit von Faktoren wie Erbgut, Lebensumständen und Erfahrungen geprägt scheint, bewirken diese Faktoren doch nicht mehr als leichte Modifikationen der Tendenzen, die wir mit uns bringen. Unserer karmischen Tendenzen.

Machen wir uns diese Tatsache einmal so richtig klar, dann hören wir auf, radikale Veränderungen in unserem Geist zu erwarten. Das soll nicht heißen, daß wir den Geist überhaupt nicht verändern können. Es bedeutet nur, daß wir ein wenig realistischer werden. Wir versöhnen uns einfach mit dem Faktum, daß diese negativen Geisteszustände einfach auftauchen, weil wir sie über Tausende und Abertausende von Lebenszeiten kultiviert haben. Wir haben so lange Zeit so viel Energie in sie gesteckt, daß sie uns noch sehr lange Zeit erhalten bleiben. Aus diesem Grund ist es so wichtig, sie zu akzeptieren.

Sobald wir sie erkennen, hören wir auf, uns über den Zustand unseres Geistes Illusionen zu machen. Denn die Illusion gehört zu den bedeutsamsten Aspekten unseres Geistes. Wir leben in der Illusion, weil wir glauben, etwas anderes zu sein, als wir sind. Doch wenn wir erst einmal die wichtigsten Denkmuster ausfindig gemacht haben, sollten wir uns mit ihnen anfreunden, weil sie uns ja vielleicht unser Leben lang begleiten. Sie stellen weiterhin eine sehr starke Kraft in unserem Leben dar, und es ist unklug, zu glauben, man könne sie einfach so loswerden. Also freunden wir uns mit ihnen an und lernen mit diesen Mustern zu arbeiten. Wir beginnen, uns selbst gegenüber völlig offen und ehrlich zu sein, uns so zu akzeptieren, wie wir sind.

Aus diesem Grund machen einige Praktizierende häufig einen leicht verrückten Eindruck. Wenn sie nämlich mit ihren negativen Persönlichkeitsanteilen Frieden geschlossen haben, dann agieren sie diese zwar nicht aus, aber sie tun auch nicht so, als wären sie frei davon. Sie gehen eben auf eine sehr einfache Art und Weise mit sich selbst und anderen um.

Ich kann mich an eine Dinnerparty erinnern, bei der ein junger Mann etwas über sich erzählte, das einige der Anwesenden störte. Ein Gast reagierte recht heftig und sprach aus, was alle dachten. Der junge Mann zuckte nur mit den Schultern und sagte: »So bin ich eben.«

Um diese Art der Haltung geht es. »Ich gebe weder mir selbst noch dir gegenüber vor, daß diese Anteile nicht da sind.« Dies ist die Basis für eine ehrliche und wirksame Arbeit mit dem eigenen Geist.

Die folgende Geschichte über einen tibetischen Yogi beschreibt sehr anschaulich, was genau mit dieser Haltung gemeint ist. Der Yogi war in seinen Übungen schon recht weit fortgeschritten. Er lebte in einer Höhle in den Bergen und kam alle sechs Monate ins Tal, um seinen Lama und seinen Gönner zu besuchen. Letzterer versorgte ihn zweimal pro Jahr mit einem Sack Tsampa (tibetische Gerstengrütze). Unser Yogi war eine interessante Persönlichkeit, denn bevor er angefangen hatte zu praktizieren, war er ein Bandit. Im alten Tibet hatte ein Mann nicht viele Möglichkeiten, wenn es um den Beruf ging. Er konnte Mönch werden, Regierungsbeamter, Händler, Bauer und Hirte oder eben ein Dieb. Mehr war für den Durchschnittsbürger einfach nicht drin.

Er war ein sehr erfolgreicher Dieb, und jetzt, wo er die Erleuchtung anstrebte, beschloß er, darauf dieselbe Geschicklichkeit und Intensität zu verwenden wie vormals auf seinen wenig ehrbaren Brotberuf.

Der Yogi besuchte seinen Gönner und wurde im vorderen Empfangszimmer begrüßt. Dort standen ein paar sehr wertvolle Objekte, und plötzlich wurde sein Gönner hinausgerufen. Draußen hörte er mit einem Mal den Yogi, der ja ganz allein war, schreien: »Ein Dieb! Ich habe einen Dieb gefangen.« Der Mann rannte sofort in das Zimmer zurück, wo sich ihm ein seltsamer Anblick bot. Der Yogi war immer noch allein, aber eine seiner Hände streckte sich nach einer kostbaren Vase aus, während die andere diese Hand festhielt.

Diese Art von Objektivität uns selbst gegenüber wird stärker und stärker, wenn wir uns in Achtsamkeit üben. Wir ertappen uns selbst sozusagen auf frischer Tat. Das kann sehr witzig sein. An diesem Punkt lernen wir auch, mit den Hindernissen in unserem Geist richtig zu arbeiten, da all diese Hindernisse aus negativer karmischer Konditionierung erwachsen. Wir üben also, uns selbst zutiefst anzunehmen und offen zu sein. Dies kann man quasi als Gimmick der Meditation betrachten, da wir so lernen, mit uns und dem Leben lockerer umzugehen.

Ein breites Spektrum von Übungsmethoden

Eine andere Dimension unserer Praxis ist die Reinigung. Wir reinigen den Strom unserer karmischen Einflüsse. Im Vajrayana* sind die ersten Meditationsschritte immer auf Reinigung ausgerichtet. Wir haben uns über unzählige Lebenszeiten hin-

* Vajrayana - der Pfad des Tantra bzw. der Diamantweg, ein Training in speziellen Meditationsmethoden, die den Geist reinigen und das erleuchtete Potential jedes Menschen ins Zentrum der Aufmerksamkeit rücken.

weg ungeschickt verhalten. Allerdings müssen wir uns auch geschickt verhalten haben, sonst wären wir gar nicht hier und könnten nicht meditieren. Da wir aber auch weniger geschickte Dinge vollbracht haben, wurden wir in den ersten zehn Minuten unserer Meditation nicht sofort erleuchtet. Also fangen wir jetzt an, die Auswirkungen unseres negativen Karmas zu reinigen. Dafür gibt es ganz bestimmte Meditationsmethoden, z. B. die Übung in Achtsamkeit. Aber das ist noch nicht alles. Wenn wir nämlich anfangen, tantrische Methoden anzuwenden, spüren wir deutliche Veränderungen, da diese Praktiken die Negativität in unserem Geist auflösen. Das ist die Macht der tantrischen Praxis: Sie transformiert und reinigt negative Emotionen und läßt unsere erleuchteten Qualitäten zum Vorschein kommen. Buddhistisches Tantra verfügt über einige sehr wirkungsvolle Techniken. (Zu diesem Thema gibt es schon eine Vielzahl hervorragender Bücher, die der Meditierende ganz nach eigenem Dafürhalten konsultieren mag.)

Wenn wir langsam eine Vorstellung davon haben, wie viele verschiedene Methoden es in der Meditation gibt, können wir also nicht nur Achtsamkeit, innere Ruhe und Einsicht üben, sondern auch den Weg der Transformation und Reinigung gehen. Doch am Ende zielen all diese Methoden auf dasselbe ab.

Und die fundamentale Praxis bleibt immer die Achtsamkeit. Ohne Achtsamkeit kann fast keine der anderen Methoden sinnvoll ausgeübt werden, da der Geist dann einfach zu flatterhaft ist. Er ist einmal da, einmal dort und nie richtig in der Gegenwart.

Frage: Was für einen Grund gibt es, weiter zu leben, wenn man erst einmal Erleuchtung gefunden hat?

Antwort: Was tat Buddha, nachdem er erleuchtet wurde?

Frage: Er unterrichtete.

Antwort: Genau. Er verhalf anderen Wesen, Millionen, wenn nicht Milliarden anderer Wesen, zur Erleuchtung. Die Frage ist ähnlich, als würden Sie mich fragen: »Warum sind Sie eigentlich am Leben geblieben, nachdem Sie Ihren Doktortitel hatten?« Erst an diesem Punkt fängt man an, etwas wirklich Nützliches zu tun.

Frage: Sind all unsere Handlungen ein Ausdruck unseres Ego?

Antwort: Solange Sie nicht erleuchtet sind, ja.

Als sein Leben zu Ende ging, wurde Buddha gefragt:

»Was hast du in den letzten dreißig oder vierzig Jahren gemacht?«

»Nichts«, sagte er da. *»Ich habe absolut nichts getan.«*

»Aber du hast doch die ganze Zeit gelehrt, gesprochen und Menschen unterrichtet.«

Buddha: *»›Ich‹ habe das nicht getan, denn in all dieser Zeit gab es kein ›Ich‹, das hätte handeln können. All dies war nichts weiter als die spontane Aktivität der Erleuchtung.«*

Daher ist alles, was wir im unerleuchteten Zustand tun, von unserem Ichgefühl gefärbt. Wenn unsere Motivation und unsere Absicht gut sind, können wir zwar helfen, doch solange der Geist in seiner ichbetonten Anhaftung verharrt, ist ein falsches Element in unserem Handeln, das auf die fälschliche Annahme eines Ich oder Selbst zurückgeht.

Frage: Die Geschichte wiederholt sich – in einem Muster von Kriegen und egozentrischer Gier. Wenn innere Ruhe und Befreiung solche Kraft haben, warum hatten sie dann auf den Lauf der Dinge so wenig Einfluß? Warum versuchen so wenig Menschen, Erleuchtung zu erreichen?

Antwort: Dafür gibt es viele Gründe. Einer davon ist, daß wir – im buddhistischen Sinne – in einem schlechten Zeitalter leben. Das bedeutet, daß solche Dinge auf weit weniger Interesse stoßen als früher. Zur Zeit Buddha Shakyamunis meditierten Tausende, ja Millionen von Menschen, und viele wurden erleuchtet. Aber davon einmal abgesehen, ist Ihre Frage sehr interessant.

Denn betrachten wir doch einmal unsere eigene Situation und die Tatsache, daß es für uns schon ziemlich schwierig ist zu meditieren. Zunächst einmal wird menschliches Handeln immer von der Hoffnung auf eine Belohnung gesteuert. Fast alles, was wir tun, zielt auf eine Belohnung auf der Sinnesebene ab. Wir wollen Geld, Liebe, Nahrung, wir wollen uns betrinken oder sonstwie berauschen. Wir wollen Macht und Ruhm. All unsere Anstrengungen sind einer sinnlichen Belohnung gewidmet. Und wir wachsen auf mit der Vorstellung, daß Menschen das einfach so machen. Dieses kontinuierliche Versprechen, das über uns schwebt, hält uns in Gang. Ich würde beispielsweise ohne weiteres darauf wetten, daß normalerweise der einzige Grund, weshalb wir zur Arbeit gehen, der ist, daß wir am Ende des Monats ein hübsches Salär erhalten.

Was aber geschieht beim Meditieren? Gerade am Anfang gibt es keinerlei Belohnung. Eher das Gegenteil. Wir setzen uns hin und tun etwas so Schwieriges, daß wir anfangs gar nicht begreifen, was wir eigentlich anfangen sollen. Unsere

Knie schmerzen, im Rücken zwickt es. Wir langweilen uns und schlafen fast ein. Außerdem sind wir schon ganz steif. Zumindest auf der körperlichen Ebene ist Meditation alles andere als befriedigend. Und auf der geistigen Ebene haben wir nur mit Langeweile zu kämpfen. Außerdem müssen wir uns mit all diesen unerfreulichen Geisteszuständen auseinandersetzen, was unser Tun auch psychologisch gesehen nicht gerade attraktiv macht. Auf jeder Seinsebene machen wir also zunächst negative Erfahrungen.

Wir heimsen auch nicht mehr Anerkennung ein als früher. Niemand gratuliert uns. Und ganz sicher bezahlt uns niemand für das Meditieren. Sie bekommen am Ende des Monats keinen Scheck, wenn Sie fleißig meditiert haben. Auch hier ist eher das Gegenteil der Fall. Wenn Sie in ein Meditationszentrum gehen, müssen Sie vielleicht noch für Ihre Sitzungen bezahlen.

Je mehr wir die Sache auch drehen und wenden, wir finden einfach nichts, was man unserem normalen, auf Belohnung trainierten Verstand als Anreiz vorsetzen könnte.

Außerdem haben es die meisten Menschen gerne mit Tempo, vor allem heutzutage. Wir glauben zutiefst an die Tatsache, daß für alles – auch für unseren Geist – eine schnelle Lösung existiert. Und genau diese wollen wir haben.

Wenn unsere Blitzlösungen auf anderen Gebieten nicht funktionieren, dann wenden wir uns der Meditation zu. Tatsächlich meditieren wir, um schnell Erleuchtung zu finden. Wir kommen also ins nächste Kagyu-Zentrum und hören entsetzt: »Sie werden ein ganzes Leben brauchen, um auch nur die leiseste Veränderung wahrzunehmen.« Das war es aber nicht, was wir wollten! Wir möchten, daß uns jemand sagt: »Übe meine Technik zehn Minuten lang aus, zahl mir fünftausend Dollar und ich garantiere dir, du wirst dich sehr viel besser fühlen, wenn du diesen Raum verläßt.« Das ist es, was wir wirklich wollen.

Dummerweise ist das nicht zu haben. Also wollen die meisten Menschen die Anstrengung der Meditation erst gar nicht auf sich nehmen, da sie dauernden Einsatz erfordert.

Und wir haben noch einen weiteren Grund. In unserer eher materialistisch gesonnenen Gesellschaft begegnen wir nicht sehr vielen Menschen mit Meditationserfahrung. Treffen wir aber auf einen Meditierenden, der die hier besprochenen Qualitäten entwickelt hat, so wird es uns schwerfallen, diese wahrzunehmen, weil wir selbst nicht das geringste Verständnis dafür haben. Es gibt sehr wenige Vorbilder, die uns zeigen, daß wir es schaffen können.

VII. Die Hindernisse sind unser Weg

Man kann mit allem arbeiten.

Hindernisse treten auf, wenn unsere bedingten Reflexe sich bemerkbar machen. Diese wurzeln in den grundlegenden negativen Geisteszuständen, die Buddha als die drei Geistesgifte bezeichnete. Sie bilden den Hintergrund unserer Gewohnheiten, daher manifestieren sie sich immer wieder, solange der Geist nicht von ihnen gereinigt wurde. Negative Emotionen bauen sich zu Hindernissen auf, werden aber als solche meist nicht erkannt.

Sie machen sich auf vertrautem Gelände bemerkbar und scheinen uns angenehm, weil sie uns so vertraut sind. Stimmungsänderungen sind z. B. ein solches Hindernis. Wir setzen uns auf unser Meditationskissen und denken: »Super, jetzt meditiere ich.« Nach etwa zehn Minuten tun unsere Knie weh, und wir langweilen uns. Das Hindernis macht sich im Geist als veränderte Haltung bemerkbar. Wir wollen nicht mehr meditieren. »Es ist völlig sinnlos zu meditieren, wenn ich nicht wirklich meditiere. Ich verschwende nur meine Zeit. Am besten stehe ich auf und mache mir eine Tasse Tee. Davon habe ich bestimmt mehr.« Und weg sind wir.

Wir wurden buchstäblich aus dem Raum getragen, weil wir plötzlich »wußten«, daß es keinen Sinn mehr hat zu meditieren, wo uns doch gar nicht mehr danach war. Und wenn mir nicht mehr danach ist, verschwende ich doch wohl nur Zeit! Wir wissen das, es ist einfach eine bekannte Tatsache. Aus diesem Grund sind wir nicht erleuchtet: Weil wir immer den Weg der »bekannten Tatsachen« gegangen sind, der mit Lügen gepflastert ist. Wir geben einfach unseren Hindernissen nach. Und es gibt Tausende davon, kleine und größere, die wesentlich schwieriger zu überwinden sind. Es kann beispielsweise geschehen, daß wir beim Meditieren bemerken, daß wir ziemlich neurotisch sind. Wir benehmen uns zwanghaft und obsessiv und sind darüber eigentlich permanent beschämt. Statt zu meditieren, verbringen wir in der Sitzung unsere Zeit damit, über all die Probleme nachzudenken, die uns das Leben so beschert hat. Über all unser Unglück und all die Gründe, weshalb es anderen immer besser geht als uns selbst – je nachdem, wie ein spezieller Gedankenzyklus aussehen mag.

Am Ende der Sitzung sind wir dann überzeugt, daß Meditation für uns einfach nicht der richtige Weg ist. Wir brauchen vielleicht eine Urschreitherapie, möglichst noch in Kalifornien, dem Ursprungsort aller alternativen Therapien. Etwas Radikales, Drastisches. Und wir brauchen eine gute psychotherapeutische Behandlung, wir sollten eine richtige Therapie beginnen, statt zu meditieren. Das kann natürlich durchaus zutreffen, hat aber mit der Entscheidung für oder gegen Meditation überhaupt nichts zu tun. Es bedeutet eigentlich nur, daß wir eine neue Dimension unseres Verhaltens aufgedeckt haben.

Meditation bedeutet nicht, daß wir immer in ruhiger See dahinsegeln. Manchmal geht es dabei durchaus stürmisch zu. Außerdem müssen wir die verborgenen Riffe umschiffen: Meinungen, Erwartungen, Zielvorstellungen etc. Die Vorstellung, wir könnten uns auf das Kissen setzen und von dem Moment an würde alles wunderbar und friedvoll, ist – gelinde gesagt – naiv und völlig unrichtig. Wenn wir meditieren, werden wir mit Hindernissen auf diesem Weg konfrontiert. Aber diese Hindernisse müssen uns vom Meditieren nicht abbringen. Man kann mit allem arbeiten, also werden wir mit den Hindernissen arbeiten.

Dies ist eine der größten Stärken des Vajrayana. Es nimmt Hindernisse auf und wandelt sie um. Es will uns klarmachen, daß Hindernisse der Weg sind. Daher üben wir auch, all unsere Konditionierungen in den Weg einzubringen. Alles wird für uns zum weiteren Schritt auf dem Weg zu Befreiung. Je größer das Hindernis, um so größer auch die Gelegenheit, vorwärts zu kommen, denn in einem großen Hindernis sitzt eine Menge Energie. Es ist wie ein riesiger Kuhfladen. Je mehr Kuhdung Sie haben, um so prächtiger gedeiht Ihr Gemüse. Auf einem kargen Stück Ödland hingegen wird nie viel wachsen. Daher heißt jeder, der diesen Weg wirklich gehen will, nach einer Weile Hindernisse stets willkommen.

Nahe Feinde

Die sogenannten »nahen Feinde« sind die Geisteszustände, die wir lieben. Wenn nämlich die Achtsamkeit ein bestimmtes Niveau erreicht hat und der Zwang, sich an den Geistesinhalten festzuhalten, verschwunden ist, erleben wir das Aufkeimen reiner Empfindungen. Am leichtesten zu verstehen ist wohl das Gefühl der Freude. Freude ist eine sehr leichte, lebendige und funkelnde Empfindung, die im Geist aufscheint, wenn er die Anhaftung an innere oder äußere Elemente aufgibt.

Ein Beispiel: Wir stehen morgens auf und schauen aus dem Fenster, wo sich unserem Blick ein wunderbarer Sonnenaufgang bietet. Der menschliche Geist erfährt Freude im Zusammenhang mit diesem Sonnenaufgang. Diese Freude entsteht in einem Bewußtseinsbereich, der frei ist von ichbezogener Anhaftung. Es handelt sich dabei um eine Erfahrung, ohne ein Ich, das erfährt. Normalerweise dauert dieser Zustand höchstens den Bruchteil einer Sekunde. Dies ist eine »reine« und wirklich tiefgehende Erfahrung.

In weniger als einer Sekunde aber nimmt unser Bewußtsein Besitz von dieser Erfahrung, beurteilt und katalogisiert sie, ordnet sie als angenehmes Faktum ein und greift danach. In diesem Augenblick geht die wahre Freude verloren. In dem Moment, wo unser ichbezogenes Bewußtsein sich der Freude bemächtigt, bleibt keine Freude mehr übrig. Was wir jetzt erfahren, ist der »nahe Feind« der Freude, nämlich innere Erregung.

In unserem Leben geschieht dies ständig. Da ist ein Augenblick reiner Liebe. Dann ergreift das Bewußtsein von ihm Besitz und formt ihn um zu besitzergreifender Liebe. Meine Liebe. Mein geliebtes Objekt. In Beziehungen sieht man dies ziemlich häufig. Zwei Menschen treffen sich und kommen gut miteinander aus. Je nachdem, wie stark ihre Anhaftung entwickelt ist, erleben sie für eine kürzere oder längere Zeit die simple Freude an der Gesellschaft des anderen. Aber nach einer bestimmten Zeit wird diese Erfahrung umgewandelt zu einem territorialen Anspruch: mein Partner. An diesem Punkt tritt der »nahe Feind« auf, der keinen Raum mehr für Freude läßt. Von diesem Augenblick an geht es in der Beziehung nur noch um Manipulation und Besitz.

Wenn wir uns in Achtsamkeit üben und verstanden haben, was der aktive Geist und das Beobachter-Bewußtsein sind, wird der Beobachter in uns allmählich schwächer. Übrig bleibt der Prozeß des Beobachtens ohne das Gefühl, daß es da ein Wesen gibt, das beobachtet. Wenn unsere Achtsamkeit an Stabilität gewinnt, werden wir auch die »nahen Feinde« los, weil wir die Anhaftung auch auf diesem Niveau erkennen lernen.

Übung 9: Die drei Formen der Anhaftung

Der ungeübte Geist greift nach seinen Inhalten immer auf drei verschiedene Weisen:

1. Haben-Wollen: Er hält fest, was ihm gefällt.
2. Ignorieren: Er blendet aus, was ihn nicht interessiert.
3. Nicht-Haben-Wollen: Er kämpft darum, das loszuwerden, was er nicht mag.

Diese drei Formen der Anhaftung verursachen einen entsprechenden inneren Aufruhr. Wenn wir diese drei nach und nach zu identifizieren lernen, können wir davon lassen. Dann setzt sich der Geist, und wir entwickeln eine tiefe innere Stabilität. Wir nähern uns dem Stadium des Gleichmuts.

Die Übung:

Meditieren Sie.

Versuchen Sie hin und wieder, wenn Sie merken, daß Sie jetzt abgelenkt sind, den Gedanken auszumachen, der Sie mit sich fortführte.

Mit welcher der drei Formen der Anhaftung haben Sie darauf reagiert?

Zeit: Versuchen Sie dies bei ein bis zwei Meditationssitzungen in der Woche – und zwar etwa ein Jahr lang.

VIII. Erleuchtung

Nirgendwo hin, nichts Neues,
das geschaffen werden muß.

Unglücklicherweise scheint das möglich zu sein

Man hat häufig versucht, die Erleuchtung zu beschreiben. Normalerweise versucht man dies durch die Beschreibung der Qualitäten, die im erleuchteten Geist auftauchen, und durch Beschreibung dessen, was wegfällt. Mehr können wir nicht tun.

Im Zustand der Erleuchtung werden alle dem Geist innewohnenden erleuchteten Qualitäten manifest. Alle Verdunkelungen, die verhindern, daß wir diese Qualitäten erfahren, fallen weg. Daher kann die Erleuchtung auch nicht als Ziel angestrebt werden. Schon die geringste Anstrengung, dieses Ziel zu erreichen, bewirkt, daß wir im Kreislauf des Denkens gefangen bleiben. Erleuchtung ist nämlich immer bereits da – wie ein Diamant, der im Schlamm verborgen liegt. Wir müssen sie nicht erst ausfindig machen und nach Hause bringen. Unser Geist ist schon erleuchtet. Aus diesem Grund lernen wir am Anfang unseres Meditationsweges vor allem, daß wir nichts tun müssen. Es gibt keinen Ort, an den wir uns begeben müßten, und wir müssen auch unserem Geist nichts Neues hinzufügen. Es ist alles bereits vorhanden. Der Übungspfad lehrt uns eigentlich nur, die Hindernisse zu beseitigen, uns selbst von den Geistesgiften zu reinigen. Und wieder ist auch hier der einzige Weg die Übung in Achtsamkeit.

Einige buddhistische Schulen behaupten, daß Erleuchtung nur zur Zeit des Buddha möglich war. Für mich heißt das, daß sie Buddhas Lehren mißverstanden haben. Andere behaupten wieder, daß wir keine Erleuchtung finden könnten, da wir in einem dunklen Zeitalter leben. Auch dies erscheint mir eine merkwürdige Verkehrung von Buddhas geistigem Vermächtnis. Meines Wissens hat Buddha so etwas nie gesagt.

Wenn Sie irgendeinen Vajarayana-Lehrer, also einen tibetischen Lama, fragen, so wird er Ihnen immer nur eines sagen: »Erleuchtung ist in einer einzigen Lebenszeit möglich.« Wenn wir diese Aussage wirklich ernst nehmen, bedeutet das, daß wir unseren Ehrgeiz aufgeben müssen, der uns ständig nach Lob und Bestätigung suchen läßt. Es bedeutet, daß jeder menschliche Geist jederzeit Erleuchtung erreichen kann, wenn er nur begreift, wie man losläßt. Es bedeutet aber auch, daß der gute Junge oder das brave Mädchen nicht unbedingt eher als die unartigen Kinder Erleuchtung finden. Wenn ich so ein richtiger »Alles-richtig-Macher« bin und glaube, deshalb der Erleuchtung näher zu sein als jemand anderer, bin ich in Wirklichkeit vielleicht wesentlich weiter davon entfernt. Auch wenn ich ein sehr edles und moralisches Leben führe, bin ich von mir selbst vielleicht so beeindruckt, daß gerade mein Stolz meine Erleuchtung verhindert.

Wichtig ist, diese Form des kategorisierenden Denkens in

gut und böse fallen zu lassen, denn meistens denken wir ja, daß wir ganz besonders schlecht oder nutzlos sind. Wir lieben diese Geisteszustände, in denen wir uns voller Genuß sagen können, daß wir schuldig, unfähig und hoffnungslose Versager sind. Wir nähren diese Zustände gewissenhaft und benutzen sie als Entschuldigung, uns nicht loszureißen von unserer gewöhnlichen Erfahrung und unser Potential nicht zu entwickeln. In der lustigen Geschichte von Buddha und den zwei Mönchen geht es genau darum:

Eines schönen Tages ging Buddha spazieren und traf dabei auf zwei Mönche, die ihm den Weg versperrten. Sie hatten nämlich eine Auseinandersetzung über die Erleuchtung gehabt und wollten nun von ihm eine Lösung. Einer der Mönche fragte: »In wie vielen Lebenszeiten werde ich Erleuchtung finden?«

»Du brauchst noch sieben Lebenszeiten«, antwortete Buddha.

Der Mönch war außer sich vor Glück. »Fantastisch!« dachte er und machte sich auf den Rückweg.

»Und wie viele Lebenszeiten brauche ich noch?« fragte der zweite Mönch.

»Siehst du den Baum dort drüben?« fragte Buddha und zeigte auf einen Baum mit Abertausenden von Blättern. »Du wirst ebensoviele Lebenszeiten brauchen, wie er Blätter hat.«

Der Mönch sah den Baum an und verlor augenblicklich alle Hoffnung. In diesem Augenblick fand er Erleuchtung.

Unglücklicherweise sieht es so aus, als ob die Erleuchtung durchaus im Bereich des Möglichen liegt. Wir haben also keine Entschuldigung. Das heißt nicht, daß wir uns unter Druck setzen müssen, nur weil irgend jemand gesagt hat, die Erleuchtung innerhalb eines Lebens zu erreichen sei möglich. Aber dieses Wissen gibt uns Zuversicht, ohne die unsere Praxis eine reine Formsache wäre. Das geschieht nämlich, wenn man aus den Augen verliert, worum es eigentlich geht. Dann wird die Praxis formal und leblos. Im Vajrayana ist der Hauptpunkt die Tatsache, daß wir für andere nach Erleuchtung streben. Wir wissen, daß wir anderen helfen können, und diese Motivation machen wir uns richtig zu eigen. Ganz gleichgültig, wie unfähig wir uns fühlen, wir sind in der Lage, unseren Geist so zu verändern, daß wir zu einer positiven Kraft für andere werden. Und mehr als das: Wir können die karmischen Grundlagen für unsere zukünftige Erleuchtung legen, auch wenn sie nicht mehr in diesem Leben geschieht.

Wenn wir so denken, erhält unser Leben eine langfristige Perspektive. Denn wenn es auch im Moment ein chaotisches Durcheinander von Hindernissen, Schwächen und Schwierigkeiten zu sein scheint, so können wir doch sicher sein, alles Nötige zu tun, daß sich das ändert.

Wenn wir diese Einstellung noch mit der Haltung eines Bodhisattva* verbinden, dann haben wir genügend Motivation, um so lange zu praktizieren, bis wir erleuchtet sind. Unsere Motivation nämlich entscheidet darüber, ob wir praktizieren oder nicht. Wenn wir unserer Motivation keine richtige Basis geben, wird unsere Meditation schließlich ins

* Ein Bodhisattva ist ein Wesen, das um der anderen willen die eigene Erleuchtung anstrebt und nur lebt, um den fühlenden (d. h. allen) Wesen zu helfen.

Stocken kommen und sich dann totlaufen. Nur wenn wir sicher wissen, weshalb wir praktizieren, bleiben wir am Ball.

Gerade für geschäftige Menschen ist die Regelmäßigkeit der Praxis wichtig. Machen Sie sich ein Programm und bleiben Sie dabei. Praktizieren Sie jeden Tag. Eine andere Form, Kontinuität in die Praxis zu bringen, ist die Möglichkeit, in ein Zentrum zu gehen. Die meisten von uns brauchen nämlich auf ihrem Weg ein wenig Unterstützung. Und die Tatsache, daß es auch noch andere Menschen gibt, die diesen Weg gehen, ist eine solche Hilfe. Aus diesem Grund gibt es in den buddhistischen Zentren Meditationsgruppen. Die Teilnahme an diesen Gruppen läßt uns den Faden nicht verlieren – weil wir ja wissen, daß andere Menschen dasselbe tun.

So können wir unsere Motivation noch unterstützen. Suchen Sie sich ruhig noch andere Möglichkeiten. Nehmen Sie, was kommt. Es hat ohnehin keinen Sinn, wenn Sie sich in dem Gefühl auf das Kissen setzen, daß Sie jetzt anderen einen Gefallen tun. Wenn wir uns jeden Morgen zum Meditieren hinsetzen, tun wir niemandem damit einen Gefallen. Wir helfen uns zunächst einmal selbst. Aber auf diesem Weg werden wir früher oder später auch einmal in der Lage sein, anderen zu helfen. Wenn Sie sich das klargemacht haben, gewinnt Ihre Meditation eine praktische Perspektive.

Im Vajrayana-Buddhismus (dem »Diamantweg«) wird häufig das Bild des Diamanten gebraucht. Seine funkelnde Reinheit läßt an den immer präsenten erleuchteten Geist in uns allen denken.

Aber das Bild reicht noch weiter. Der Diamant ist der härteste von allen Edelsteinen. Er durchdringt alle Hindernisse – nichts kann seiner scharfen Kraft widerstehen. Und dies gibt uns Hoffnung: Denn auch wenn unser Diamantgeist in einem Wust von Verdunkelungen gefangen zu sein scheint, so wird er mit Sicherheit alle Hindernisse durchschneiden, damit seine strahlende Natur zum Vorschein kommen kann.

Mögen Sie glücklich sein!

Frage: Woher wissen Sie, ob Sie Erleuchtung gefunden haben?

Antwort: Woher wissen Sie, daß Sie wach sind, wenn Sie morgens erwachen?

Anhang

Hinweise für Helfer

Übungen 1 und 2: Meditation mit einem Objekt

Stellen Sie sicher, daß die Gruppe das Wesen eines Meditationsobjektes richtig verstanden hat. Dies ist kein Objekt, auf das die Teilnehmer sich konzentrieren sollen. Es dient vielmehr zum »Ablegen« der Aufmerksamkeit, damit der Geist bei sich bleiben kann. Das Wesentliche:

- Sanfte, entspannte Aufmerksamkeit
- Man zwingt den Geist nicht zurück zum Objekt, sondern läßt ihn ohne Anstrengung und ohne sich festzufahren zurückwandern.
- Gedanken oder Gefühle werden nicht unterdrückt oder ausgeblendet.
- Man versucht auch nicht, sie loszuwerden.
- Die Meditation erlaubt dem Geist, seine gewohnten Muster aufzugeben, ohne diese abzublocken, sie aber auch ohne Gedanken oder Gefühle »zum Bleiben einzuladen«, d. h. ohne sich in sie zu verwickeln.

Bitten Sie die Teilnehmer der Gruppe nach jeder Sitzung, kurz ihre Erfahrungen zu schildern. So verhindern Sie, daß sie in die oben beschriebenen Fallen tappen. Die Arbeit mit einem Meditationsobjekt erfordert ein wenig Zeit. Die folgenden spielerischen Übungen helfen Meditierenden zu begreifen, wie hinterhältig der Geist sein kann.

Übung 1: Benutzen wir Gedanken als Meditationsobjekt, dann spielt der Geist uns häufig Streiche - z. B. weigert er sich, mit dem Gedanken fortzufahren. Wenn dies geschieht, dann sollten wir uns klar vor Augen führen, wie wenig Substanz unser Denken hat. Und schon sind wir damit zufrieden, mit der Aufmerksamkeit beim Meditationsobjekt zu verweilen. Dieser Weg ist einfacher als einfach nur den Fluß der Gedanken zu betrachten.

Übung 2: Hier geht es um die Entwicklung eines entspannten, offenen Geisteszustands. Für die Meditation ist dies essentiell. In der Meditation versuchen wir nicht, etwas zu vollbringen oder eine Aufgabe zu erledigen. Wir lernen, den Geist in Achtsamkeit verweilen zu lassen, und Achtsamkeit ist ein Zustand. Ebenso ist auch Meditation ein Zustand und keine Aktivität.

Machen Sie die beiden Übungen mit der Gruppe drei- bis viermal, bis alle Teilnehmer gelernt haben, wie sie den Geist in einem offenen, aufnahmebereiten Zustand ruhen lassen können, ohne irgendeiner Aufgabe nachzulaufen.

Übung 3: Beobachtergeist und aktiver Geist

Diese Praxis hat drei Dinge zum Ziel:

1. Sie soll dem Meditierenden zeigen, daß der Geist mehrere Dimensionen hat. Wir beginnen mit dem Beobachtergeist und dem Teil des Geistes, der beobachtet wird.
2. Sie soll dem Meditierenden klarmachen, daß irgendwo im Geist die Idee von einem Ich oder Selbst sitzt. Diese Vorstellung tritt innerhalb des Beobachtergeistes auf, der sich selbst als das denkende Wesen sieht, bis diese Übung ihm das Gegenteil beweist.
3. Darüber hinaus soll sie dem Meditierenden verdeutlichen, daß Beobachten und Denken zwei verschiedene Prozesse sind. Wenn er dies verstanden hat, kommt es zu einer folgenschweren Erkenntnis: »Ich bin nicht diese Gedanken.« Der Meditierende identifiziert sich im Normalfall mit »seinen« Gedanken, er verleiht ihnen Energie und scheint total in ihnen aufzugehen. Tatsächlich ist er jedoch von ihnen getrennt, da die Gedanken völlig unabhängig vom Beobachter auftauchen. Diese Tatsache kann in dieser Übung beobachtet werden.

Obwohl die Übung einfach ist, hat sie doch einen tiefgreifenden Effekt. Sie schafft die Grundlagen für die spätere Befreiung - vom Denken und schließlich von der Vorstellung eines Ichs, das denkt.

Ist Ihnen selbst dieser Vorgang klar?

Lassen Sie die Gruppe etwa fünf oder zehn Minuten praktizieren und bitten Sie dann um Rückmeldung. Stellen Sie den Teilnehmern Fragen, z. B.: »Wer hat gedacht?« Oder:

»Woher kamen die Gedanken?« »Welcher der beiden Teile des Geistes bin ich?« Helfen Sie ihnen, die Annahme, daß Gedanken und Denkender eins sind, zu zerschmettern. Benutzen Sie dazu auch die Analogien mit den Sinnesorganen: Der Beobachtergeist nimmt durch das Auge sichtbare Objekte wahr – wird er dadurch zum sichtbaren Objekt? Er hört mit dem Ohr – wird er zum Geräusch?

Wir denken nur deshalb, daß wir unsere Gedanken sind, weil Gedanken in unserem inneren Raum entstehen. Dabei trifft das für unsere Gedanken genauso wenig zu wie für unsere Sinneswahrnehmungen.

Übung 4: Was tut mein Geist?

Machen Sie die Übung zusammen mit der Gruppe, nachdem Sie sie darauf vorbereitet haben. Machen Sie den Teilnehmern vor allem folgendes noch einmal unmißverständlich klar:

1. Machen Sie diese Übung nicht länger als zehn Minuten.
2. Machen Sie die Übung lässig, fast wie nebenbei. Es ist keine große Sache. Man kann dabei nichts richtig oder falsch machen. Man beobachtet nur, was sich ohnehin andauernd abspielt. Strengen Sie sich nicht an und geben Sie sich auch nicht allzu viel Mühe, die Gedankenströme einzuteilen. Gewöhnlich enthüllen sie sich von selbst.

Nach etwa 20 Minuten fragen Sie, wie es den einzelnen Teilnehmern mit der Übung erging. Sie sollen Ihnen erzählen, wo ihr Geist hinwanderte. Helfen Sie den Teilnehmern dabei, diese Übung als Spiel anzusehen, nicht als bedrohlichen Test.

Es geht hauptsächlich darum, daß wir unseren geistigen Aktivitäten mit Humor und Objektivität begegnen lernen.

Die häufigsten Richtungen für unser Denken sind:
1. Nachdenken über die Vergangenheit. Man schwelgt ja so gerne in Erinnerungen.
2. Die Vergangenheit abändern. Dabei analysiert man, was geschehen ist, und legt alte Kämpfe, Streitereien und Situationen nochmals neu auf.
3. Kommentare und Analysen zu den Aktivitäten unseres gegenwärtigen Geistes. Das ist die kontinuierliche Analyse der aktuellen Situation.
4. Man plant die Zukunft oder denkt ganz allgemein darüber nach.
5. Phantasien und Tagträume, die manchmal Zeitreisencharakter haben. Man läuft vor der Realität davon und träumt sich die Wirklichkeit um.
6. Eine Kombination dieser Formen.
   Und was sind Ihre Favoriten?

Helfen Sie der Gruppe zu akzeptieren, daß der Geist immer diese Art von Spiel treibt. Im Gespräch können Sie anregen, daß die einzelnen Teilnehmer versuchen, der speziellen emotionalen Situation auf die Spur zu kommen, die hinter einem bestimmten Ablenkungsweg steht.

Übung 5: Die Spur verfolgen

Einige Meditierende haben mit dieser Übung anfangs Schwierigkeiten, weil sie die Verbindungsglieder nicht oder kaum identifizieren können. Ermutigen Sie sie, trotzdem weiterzumachen. Sie werden das Problem bald überwunden haben.

Ein anderes Problem kann sein, daß sie zwar ein paar Schritte zurückverfolgen können, daß dann aber eine neue Gedankenlinie einsetzt, so daß sie nie weiterkommen. Auch dies wird sich ändern, wenn sie am Ball bleiben.

Normalerweise wird der Denkprozeß viel klarer, wenn das Spiel (die Übung) erst ein paar Mal gespielt wurde.

Übung 6: Der Moment, in dem Gedanken aufkeimen

Gedanken entspringen den unterschiedlichsten Quellen, z. B.

- physischer Empfindung,
- Geräuschen,
- Gerüchen,
- vorhergehenden Gedanken, die noch in der Schwebe waren, als die Aufmerksamkeit zum Meditationsobjekt zurückgelenkt wurde,
- Erinnerungen.

Einige Gedanken tauchen einfach im Geist auf ohne ein vorhergehendes assoziatives Glied.

Den Moment des Aufkeimens zu erkennen ist essentiell, wenn der Meditierende einmal in der Lage sein soll, die »Freiheit vom Denken« zu erleben. Je klarer der Geist ist, wenn ein Gedanke aufkeimt, um so deutlicher werden all die vorbewußten Prozesse des Denkens.

Folgende drei Übungen sind also eng miteinander verbunden:

- Was tut mein Geist?
- Die Spur verfolgen
- Der Moment, in dem Gedanken aufkeimen

Übung 7: Gedankenzyklen

Manchmal sind die einzelnen Stadien in der Rückschau besser sichtbar. Wenn also jemand Probleme hat, sie während der Meditation zu erkennen, dann legen Sie am Ende der Sitzung doch eine Pause ein, in der alle zurückblicken. Am einfachsten fängt man dabei an dem Punkt an, wo der Gedanke bewußt wurde, und arbeitet sich dann zum Entstehen oder Vergehen vor bzw. zurück.

Eine nützliche Hilfe ist auch das Zurückverfolgen einer Geräuschwahrnehmung, die demselben Zyklus unterliegt. Wenn Sie an einer befahrenen Straße wohnen, können Sie beobachten, wie die Geräuschwahrnehmung demselben Rhythmus folgt wie die Entstehung von Gedanken. Sind allerdings zu viele Autos da, dann ist es schwierig, ein Geräusch auszumachen und seinen Zyklus zu erkennen. Mit dem Geist ist das ähnlich - wenn die Gedanken zu dicht sind, findet er sich in diesem unentwirrbaren Geflecht nicht mehr zurecht.

Hier kann es helfen, das Muster zu erkennen, mit dem der Gedanke vergeht:

- Er wird von einem anderen Gedanken überlagert bzw. ersetzt.
- Der Geist wendet sich anderen Dingen zu und verliert die Spur des Gedankens.
- Der Meditierende kehrt zu seinem Objekt zurück und die gedankliche Aktivität beruhigt sich.
- Der Meditierende schläft ein und verliert den Kontakt zu seinem Geist.
- Der Geist nimmt eine andere Spur auf, weil er ein Geräusch hört oder einen Geruch wahrnimmt.
- Dem Gedanken wird keine Energie mehr zugeführt und er stirbt einfach ab.

Der Wert dieser Praxis liegt darin, daß wir begreifen, daß das Denken keine Substanz hat, keine eigene Existenz. Gedanken sind etwas äußerst Flüchtiges. Wie Buddha sagte: »Auch dies wird vorübergehen.« Das Verständnis dieser Tatsache führt zur Befreiung des Geistes vom Leiden.

Übung 8: Sich mit den Inhalten des Geistes identifizieren

Dies ist eine der schwierigsten Übungen, weil sie auf einem schon recht fortgeschrittenen Verständnis von Achtsamkeit und Einsicht beruht. Versuchen Sie der Gruppe das Zwanghafte dieses Prozesses klar zu machen, indem Sie sie fragen, warum sie einzelne Gedanken festhalten, auch wenn diese langweilig oder bedeutungslos sind.

Übung 9: Die Anhaftung überwinden

Gleichmut stellt sich nur allmählich ein. In der Meditation wird er wahrgenommen als der »eine Geschmack«. Alle Gedanken sind nichts als Gedanken. Der fortgeschrittene Meditierende steht über Begriffen wie »gut«, »schlecht« oder »uninteressant«. Dies zu verstehen braucht Zeit.

Danksagung

Wir möchten hier all den Menschen danken, welche die Veröffentlichung dieses Buches überhaupt erst möglich gemacht haben:

- Lama Yeshe Losal für seinen Segen und das Geleitwort;
- Louis Baum für seinen professionellen Rat;
- Karel Schoeman für seine inspirierende Kritik;
- Joseph Goldstein und Sister Ellen Finlay für ihr Vertrauen und ihre Ermutigung;
- Brad Hammond für das Konzept und die Transkription der Bänder;
- Beryl Schutten für den letzten Schliff;
- Mel Cohen, Mike Kantey, Kobus Geldenhuys, Mark Borchers und Karin Cronjé;
- allen Meditierenden und allen Freunden;
- und unserem Schutzengel, ohne den es den Kairon Press-Verlag überhaupt nicht gäbe: Joe van Dorsten.

Rob Nairn & Erika von Greunen
Kairon Press, Kalk Bay